KB140086

북한이주민과 가족문화

남북한 문화비교 총서 ⑥

북한이주민과 가족문화

전주람 ─ 손지혜 ─ 배고은

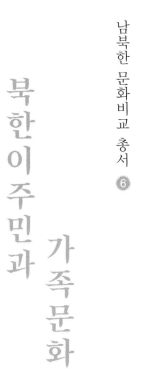

○ 들어가는 글

남북한 문화비교 연구총서는 학계에만 국한되는 연구물에 대한 아쉬움으로부터 탄생하였습니다. 2020년 여름, 대표 저자 전주람은 학회지라는 짧은 지면에 생생한 북한이주민들의 증언을 담아내는 작업이 한창일 때였고, 우연한 기회에 한국학술정보 출판사의 학회지를 단행본으로 엮는 것에 관한 뜻깊은 광고를 보게 되었습니다. 이러한 간절한 마음은 2020년 7월 서울시립대학교에서 한국학술정보 이강임 팀장과의 만남을 성사시켰고, 우리 둘은 그간 정치와 경제, 사회문제에 대해 쏟아졌던 딱딱한 북한 관련 총서에서 벗어나 북한이주민들의 생생한 증언을 제시하는 방식의 남북한 문화비교 연구총서를 엮는 일이 보다 의미 있는 일일 수 있겠다는 확신에 차게 되었습니다. 전주람은 2014년부터 북한이주민들의 심리 사회적 자원 연구를 시작으로 가족관계와 문화, 복지, 직장생활, 정체성 및 연애와 성과 사랑 등에 이르기까지 다양한 영역에서 연구를 주로 현장에서 인터뷰 방식으로 진행하였으므로, 그 내용을 남북한 비교문화 총서로 엮는다면 보다 많은 독자들이 쉽게 책을 접할 수 있을 것으로 판단했습니다.

남북한 문화비교 총서는 기존의 권력 구조의 변화, 엘리트의 변동, 노선 및 정책의 변화 등과 같이 상부구조나 거시구조의 변화에 주로 분석의 초점이 맞추어져 있던 다수의 북한연구물들과는 달리, '일상생활(daily life)'의 연구 영역을 주된 관찰 현장으로 삼아 미흡한 북한이주민들의 일상생활이 어떠한지 자세히 보여줄 것입니다. 또한 이 책은 인간의 삶에서 가장 근접한 가족문화 전반을 탐색하는 것으로 가부장적 문화, 남아 선호사상, 부모자녀 관계와 역동, 가족애, 가정폭력, 육아에 대한 젠더문제에 대한 북한이주민들의 인식을 다루었습니다. 아울러 북한이주민들이 인식하는 가족개념과 결혼제도로 진입하고자 하는 이유, 북한의 결혼문화와 연애관 등 생생한 증언을 통해 가족문화를 전방위적으로 폭넓게 이해하는 기회를 제공함으로써 독자들의 사고의 지평을 확대하고자 하였습니다. 이를 통해 기존의 북한이주민에 관하여 고정되어 온 부정적 편견과 고정관념을 걷어내고, 그들을 새로운 관점에서 바라봄으로써, 북한이주민이 누구인지에 관한 인식제고의 전환점과 담론을 제공해 줄 것이라 기대합니다. 또한 남한 출신 국민들이 북한이주민들을 이해하는 데 쉽게 다가가고 다름을 이해할 수 있는 좋은 주제로, 궁극적으로 향후 남북한의 사회문화적 통합에 중요한 기초자료로 활용될 수 있을 것으로 기대합니다.

프랑스 철학자 앙리 르페브르(Henri Lefebvre)는 일상생활을 인간의 전체성 관점에서 설명하였습니다. 자세히 보면, 인간은 욕구의 차원, 노동이라는 차원, 놀이와 즐거움을 찾는 존재 세 가지 차원으로 파악되며, 이 세 가지 요소가 유기적인 관계로 통합될 때에만 비로소 인간의 참된 모습이 현실화된다는 것입니다. 즉 인간이 생존하기 위해서는 모든 물질적 신체적 욕구가 충족되어야 하고, 동시에 그의 욕구를 충족시키기 위하여 일하지 않으면 안 된다고 언급한 것입니다. 일상생활 연구는 앙리 르페브르(Henri Lefebvre)의 말을 빌리자면 일상을 다루는 것이 결국 일상성을 생산하는 사회, 우리가 살고 있는 그 사회의 성격을 규정짓는 것이므로 진지한 연구 대상이 되어야 마땅합니다. 다소 일상이 매일 되풀이 되는 삶, 보잘 것없이 보이는 일상, 지루한 업무, 언제나 반복되는 사람과 사물들로 가득 차 있을지라도, 중요한 사실은 어떠한 사건들도 일상의 바탕 없이는 어떠한 일도 일어나지 않기 때문입니다. 이처럼 일상생활 연구는 사회 전체에 대한 평가와 개념화를 함축하므로 일상성을 하나의 개념으로만이 아닌 '사회'를 알기 위한 실마리로 간주하는 데 중요성이 있습니다. 따라서 남북한 문화비교 총서에서 북한 이주민들의 일상생활 모습을 전방위적으로 깊이 탐색하는 것은 사회문화적 통합의 영역에서 매우 중요할 뿐 아니라 실천적으로 매우 긴요한 일이라 할 수 있겠습니다.

　총서 시리즈 여섯 번째 편인 '가족문화' 편은 가족학이라는 미시체계를 연구하는 전주람의 학문적 토대를 기초로 북한이라는 영역으로 그 학문의 영역을 확장하여, 인간의 사회현상에 관해 면밀한 관찰력을 지닌 사회학자 손지혜, 배고은 박사님과 함께 북한이주민들의 가족문화 관련 이슈에 주목하였습니다. '일상생활'이라는 익숙하고도 낯선 단어를 북한이주민들과 엮어볼 때 어떠한 방식으로 풀어낼지에 관한 고민과 숙의의 과정에서, 그들의 일상 그대로를 생생한 언어로 구술하는 일이 보다 쉽게 독자들이 이 책의 내용을 이해할 수 있게 되리라 판단했습니다. 그 숙고의 여정 안에서, 연구자는 '가족문화'라는 키워드를 중심으로 지식과 현장 인터뷰 내용을 포함하여 집필하였습니다. 이 주제들은 이 책에서 두 편의 구조로 전개될 것입니다.

제1부에서는 북한이주민들의 가족 관련 이야기를 주제별로 묶어 가족 내 남성들의 제왕적 권위, 아들 선호사상, 부모자녀 관계, 가족애와 가정폭력 등에 관해 살펴보았습니다. 구체적으로 북한이주민들이 북한에서 어떠한 삶의 경험을 하였으며, 어떻게 자녀를 양육하는지 또한 탈북과정에서 발생하는 여러 가족 형태의 변화 가운데 배우자가 부재한 경우 어떻게 생활해나가는지 등에 관해 살펴보았습니다. 아울러 가족을 둘러싼 친구와 이웃, 경제적 여건과 거주지역 등 환경적 측면도 가족생활에 어떠한 영향을 주는지 살펴보았습니다.

제2부에서는 가족이란 개념을 필두로 탈북청년들이 인식하는 가족이란 무엇인지, 그들의 인식에 초점을 두어 가족이라는 익숙하고도 낯선 개념에 관해 생각의 기회를 갖고자 하였습니다. 아울러 탈북청년에게 가족 관련 이슈로 연애와 사랑관과 관련된 가치

관을 단일사례로 탐색함으로써 생생한 사례를 통해 생각의 물꼬를 트고자 하였습니다. 이를 통해 북한이주민이 증가하는 한국사회의 변화를 맞이하면서 그들의 가장 근접환경이자 미시체계인 가족 관련 논의가 보다 활발해지기를 바라며 북한이주민과 관련된 사회적 이슈를 던지고자 하였습니다.

이 이야기는 참여자들이 한국사회에서 어떻게 가족을 꾸리고 유지해나가야 하는지에 관해 고민하며, 그러한 역경을 극복하기 위해 어떠한 자원을 활용하며 살아가는지에 관해 증언한 내용이기도 합니다. 그들의 증언을 통해 사회적 낙인의 대상이 되어온 북한이주민들의 미시체계인 가족의 삶에서 전개되어온 욕구와 힘, 내면의 힘을 살펴볼 수 있었습니다. 이를 통해 북한이주민들에게 가장 가까운 일상세계인 가족이라는 세계에서 벌어지는 여러 현상들을 살펴볼 수 있었습니다. 이는 북한이주민들의 가족문화 관련 이슈에 관한 일상의 모습이 어떠한지 살펴봄으로써 일상 사건의 이해를 통해 그들이 속한 사회를 이해하는 실마리가 될 수 있고, 나아가 남북인이 조화롭게 어울릴 수 있는 일상문화를 찾아 나가는 데 기초자료가 될 것이라고 확신합니다.

2024년 4월

저자 전주람 · 손지혜 · 배고은

○ 목차

일러두기

· 이 책에서 증언한 북한이주민들은 모두 연구의 취지와 목적에 동의한 자들입니다.
연구자는 사전면담 동의절차를 거쳐 연구를 수행하였으며 일부 내용을 독자 여
러분들과 공유합니다. 아울러 이 책에 실린 모든 이름은 가명 처리하였음을 밝
힙니다.

· 북한사회와 북한이주민들의 가족문화 관련 연구에 흔쾌히 동참해주신 연구참여
자들에게 깊은 감사의 마음을 전합니다.

손지혜, 배고은

제1부

북한이주민들이
경험한 가족,
어떠한 모습인가?

2023년 12월 기준 2000년대 이후 한국사회 북한이주민들의 꾸준한 증가로 현재 3만 4천 명을 넘어서고 있다(통일부, 2024). 이러한 남한사회의 변화에서 총서 시리즈물의 여섯 번째 편인 '가족문화'편은 북한이주민들의 미시체계(micro system) 영역 중에서도 인간에게 가장 근접한 가족이라는 키워드에 주목하였다.

사랑해야 '가족'이 되는 건가요?

북한에서의 결혼은 커플 간의 애정도 중요하지만, 출신 성분이 무엇보다 중요하다. '그들만의 리그' 안에서 남성은 우월한 위치를 점하곤 한다. 실제 이들은 배우자 선택과정에서 경제적 능력이 우선시되는 경향이 있고, 일부 사람들은 결혼이라는 제도를 통해 계층을 재생산해나간다.

한 참여자에 따르면 '월남'은 개인의 이데올로기적 신념을 실천하는 영웅적인 행위였지만, 가족들에게는 비극을 초래한 불행의 시작이었다고 했다. 한 참여자 증언에 따르면, 남조선 출신은 출신 성분이 가장 낮은 하층으로 편입되어 고통스러운 삶을 살게된다고 했다. 심지어 남조선 출신의 부모를 두게 되는 경우 일반인에 비해 더 통제된 삶을 살게 되며, 종종 혁명적 행위에 앞장설지라도 도구로 이용되며 가족해체를 경험하는 경우도 있는 것으로 이해된다.

A: 내 큰아버지가 OOO예요. 모두가 아는 OOO 시인과 사촌이고, 제일 친한 친구예요. 내 가족은 출신 성분이 상층이에요. 내가 출신 성분이 좋다 보니 남편도 물론 출신 성분이 좋죠. 시아버지가 지방이지만 당 간부였어요. 그래서 90년대 중반까지 남 부러울 것 없이 살았어요. 시댁은 소련제 물건과 자동차가 있었어요. 내 혼수품도 최상품이었어요. 내가 시집 간다고 하니까 아버지도 당 간부였으니까 여기저기서 선물이 들어왔죠. 뇌물. 그래서 남조선이 잘 산다, 뭐 그렇다 해도 남 부러울 것이 없었죠. 관심도 없었고, 남조선에 친척이 있다고 한들 뭐 오히려 남조선에 누가 있다고 하면 나한테 좋을 것이 없었죠. 내가 92년에 결혼했는데, 그때는 북한도 뭐 아주 넉넉하진 않아도 살 만했어요. 남편도 고위 경찰이어서 일하면서 봉급 꼬박꼬박 받아오고, 일단 집도 좋은 집에 살았고. 누구도 내가 남편의 배우자로 흠 있다고 한 사람 없었고, 내 친정도 괜찮았죠.

B: 내 아버지가 제주도에서 소년 의용군으로 15살에 전쟁 끝날 때쯤 건너왔잖아요. 우리 아버지는 남조선을 아주 끔찍하게 싫어했어요. 4.3 때 가족의 반을 잃었으니까. 그래서 마을에서 앞장서서 남조선 타도를 외치고 미제 앞잡이를 타도하자고 외쳤다고 해요. 근데 제주도 사람들이 밉보여서 얼마 안 되어서 바로 우리는 은덕으로 쫓겨 갔죠. 거기 탄광촌. 아버지가 제주도에 그냥 남아 있었으면 우리 가족 모두가 짐승만도 못한 삶을 살았을까요? 나는 아버지가 남조선에서 북으로 왔잖아요? 그것부터 우리 가족의 비극이 시작되었다고 봐요. 사람이 살 수 없는 곳에서 살면서 개돼지보다 못한 대접을 받고 살았죠. 나중에 남한에 와서 제주도 친척집에 갔더니 그냥 살더라구요. 근데 더 비참한 것은 아버지가 월북해서 다들 좋지 않게 생각하고 있다는 것이에요.

J: 남한에 와서 제일 곰살맞던 것은 드라마만 틀면 남자 여자가 사랑하고 키스하고 그런 장면들이 나오더라구요. 내가 더 부끄러웠어요. 근데 더 놀란 건 공원에 나갔는데 비비고 키스하는 사람들 많았어요. 손잡고 다니는 것은 기본이고, 허리에 손 감고 다니고. 북한에서 그렇게 다니는 사람 없죠. 그랬다가 잘못 걸리면 사상 교육받거나. 일단 부모가 가만히 안 있죠. 여자는 특히나 말도 안 되는 일이죠.

제1장 가정 내에서의 제왕적 권위

참여자들의 공통된 가족에 대한 기억은 제왕적 가부장적 아버지 또는 남편의 '폭력'으로 심리적인 압박이었다. 북한의 사회에서 가장의 폭력은 일반적인 현상이고, 그것에 대한 방지나 해결책은 없었던 것으로 이해된다. 북한체제가 만성적 공포정치, 조건화된 보상과 처벌체계, 강요된 복종과 의존으로 '기계화'된 인간을 개조하는 것과 마찬가지로 가족관계, 부부관계 역시 굴욕적인 노예 관계로 얽매여 아버지가 가정 내의 모든 것의 주인이며, 모든 것을 결정하는 존재로 인식된다. 대부분의 가정은 자율성과 통제감을 침해당하며 무력감을 경험한 남성들이 남자다움을 과시하는 '남성의 왕국'이 된다. 일반적으로 북한에서는 '가정싸움은 여자가 원인이다.' '가정의 화목은 여성의 책임이다.'로 인식되곤 한다. 즉 가정의 평화와 화목은 전적으로 여성의 역할이며 가정폭력은 여성의 잘못으로 인해 발생하며, 가정폭력의 원인은 여성의 탓으로 돌리는 경향이 강하게 나타나고 있는 것이다(김경숙, 2018).

또한 다수의 참여자들은 여성의 입장에서 남편과 합의된 부부관계(성관계)가 존재하지 않았다고 진술하였다. 그렇기 때문에 출산의 상황이 힘들 경우 열악한 의료환경과 마취제가 갖추어지지 않은 상태에서 고통스럽게 낙태 시술을 한 경우도 있었다.

C: 북한에서 가족은 뭐 다를까 싶지만서도. 내가 남한 와서 남한에서 태어난 남자하고 살아보니까. 다른 것은 뭐냐면. 일단 사람 대 사람이야. 근데 북한에서는 남자는 집안의 왕이야. 아버지가 집에서 폭력도 심하고, 폭력뿐이야? 언어폭력도 심하지. 여기처럼 '사랑한다', '자기야' 이런 이런 곰살스러운 호칭 자체가 없지. 연애할 때도 그냥 누구 동무, 누구 씨, 이렇게 하지. 내가 지금 남편 연애할 때 어찌나 곰살스럽게 챙겨주던지. 그것에 반해서 내가 살림 합쳤지. 차 탈 때 안전벨트도 잘 매고 있는지 확인도 해주고 식당가면 숟가락, 젓가락 딱 앞에 놔줘. 물 따라줘. 너무 좋지. 전에 북한에서는 맨날 뚜들겨 맞았지. 근데 왜 때리는지 이유도 모르고 맞으니까. 그냥 여자들이 많이 맞으니까 나도 그런 줄 알았지. 아버지도 엄마 그렇게 때렸는데, 하다못해 엄마 앞에서 전 남편이 내 뺨도 쳤지. 그래서 꿈에 한 번씩 나와. 맞고 아픈 척도 못 하고 그냥 멍하니 병신처럼 벽에 기대고 있었던 것.

D: 나는 가족이 돈이 있어야 한다고 봐요. 돈이 있어야 덜 싸우지. 그리고 서로 바빠야 해요. 북한에서 나는 12살에 나왔는데, 아버지는 병약했어요. 고난의 행군 때 아버지는 굶어 죽었어요. 남동생도 굶어 죽고. 근데 어렸을 때 어렴풋한 기억에서 아버지는 그래도 폭력이 있었어요. 엄마하고 요새 이야

기해보면, 아버지가 폭력이 있었데요. 엄마가 출신 성분이 더 좋았어도 집안에서 남자라고 다른 가정과 다를 바 없이 폭력을 휘두른 거죠.

B: 북한에서 난 잘못한 것이 없는데, 남편이 매일같이 폭력을 휘둘렀어요. 그 폭력이라는 것이 나를 직접 때리는 것일 수도 있고, 또 밤만 되면 나를 못살게 굴었어요. 내가 몸 푼 지 2달 정도 되면 정상적인 몸이 아닌데, 그래도 나는 남편을 받아줘야 했어요. 아니면 또 개 패듯이 패니까. 맞는 것보다 참는 것이 나으니까.

E: 임신해서 두 번 정도 애를 내렸어. 산 사람도 생으로 굶어 죽는데, 애를 어찌 키워. 그냥 내렸지. 죽물도 못 먹는데 애를 키울 수도 없는 상황이라 어떻게 낳아서 키워? 근데 남편은 남의 일인 거지. 나만 죽어 나가는데, 자기는 볼일 다 보고, 하고 싶은 거 다 하고 그러고 마는 거지. 배려 같은 소리 하네. 여자가 큰 목소리 내는 것은 남한이 더 심하지. 북한에서는 여기처럼 그러다가는 맞아 죽어.

제2장 여전히 존재하는 아들 선호사상

참여자들의 증언에 따르면 북한 사회는 여전히 남아 선호사상이 강하다고 한다. 아들을 낳지 못한 여성은 '죄인'으로 낙인 찍히거나, 또는 '여성의 가치'를 실현하지 못한 자로 심리적인 압박감을 경험한다고 진술한다. '고난의 행군' 시기 이후에도 남아 선호사상이 유지되다가 2000년대 후반부터는 생존이 가장 중요한 이슈가 되면서 남아 선호사상은 예전과는 다른 양상으로 나타난 것으로 이해된다.

D: 이상하게 북한에서 온 사람들이나, 북한에 있는 사람들, 외국에 사는 북한 출신 사람들은 아들을 귀하게 여겨요. 아들이 아버지 다음의 서열이니까요. 나도 북한 출신 남편과 결혼하고 딸을 둘을 낳았는데, 시어머니와 친정어머니가 하는 말이 "고추 달고 나와야 했는데."라고 하셨어요. 아무리 남자가 자녀의 성별을 결정한다고 설명해도 듣질 않아요. 우리 집도 북한에서 엄마가 내 위로 언니 낳고 딸만 둘 낳으니 그렇게 힘든 형편에서도 아들 낳았잖아요. 그래서인지 병약해서 일찍 죽었어요. 동생도 동생이지만 엄마는 그때 이후로 몸이 계속 안 좋죠.

F: 나는 딸만 둘을 키웠는데, 내 딸만 한 애들이 세상에 없어. 엄마가 필요하다고 말만 하면 다 도와주지. 공부도 스스로 잘 하고. 결혼도 알아서 잘 하고. 남한은 아들에 대해 북한만치 가치를 주지 않아. 북에서는 아들 못 낳으면 여자가 죄인이야. 나는 남편이 눈치 주는 것보다는 주변에서 나를 죄인 취급했지. 쓸모없는 여자라고. 근데 남한은 아들 두면 결혼할 때도 그렇고 이래저래 더 신경 써줘야 하잖아. 남한은 보니까 남자가 결혼할 때 집 마련 다 해줘야 하고 여자보다 돈을 더 많이 써야 하잖아.

G: 음. 내가 84년생이에요. 내가 2006년에 탈북을 했어요. 정확히 말하면 내가 대한민국에 입국한 것이 2006년이고, 1999년에 중국으로 처음 나갔다

가 다시 북송되었다가 몇 번을 그러다가 대한민국 입국한 것이 2006년인데, 마지막으로 내가 북한을 갔다 온 것은 2005년인데, 내가 2살 터울의 언니가 있는데, 언니가 결혼한다고 해서 내가 몰래 들어갔다가 온 거예요. 결혼할 때 다들 하는 말이 아들 많이 낳으라고 복을 주는데, 그 말 안 하더라구요. 이미 그때는 여성들이 가정의 주체가 되었던 것이에요. 아들이 뭔 소용이야! 돈을 벌어야 가장이지!

제3장 실질적 가장은 누구인가요?

참여자들 대부분은 '고난의 행군'이 북한의 사회 구조를 바꾼 터닝포인트라고 하였다. 이 시기 이후 '돈벌이 하는 자'가 가장이 되어 실질적으로 가정을 꾸려나가는 구조로 변화하였고, 그 과정에서 남성들의 가정 내 폭력도 공존한 것으로 기억하였다. 이 시기 이후 국경 지역에 거주하던 가정의 여성들은 실질적인 가장이 되어 장마당을 통해 가정의 생계를 책임지는 경우가 많아졌다. 특히 불법적인 행위를 감수하면서까지 가족의 생계를 책임져 생명의 위협을 느끼는 경우도 있다고 하였다. 이기영(1999)은 탈북여성들이 남성에 비해 경제활동과 사회적응이 활발해지며 남성은 가장으로서의 권위를 상실하게 될 두려움이 커진다고 설명하였다. 이 때문에 남성들은 자신감을 상실하거나 아내에 대한 열등감이 높아지면서 반대 기재로서 폭력을 행사하는 것으로 보았다. 이 외 몇몇 연구들은 남성이 가정 외 바깥에서 가장으로서의 권위를 확보하지 못하는 경우 집 안에서 약자인 아내에게 큰소리를 치거나 언어적, 물리적 폭력을 통해 자신의 권위를 확보하고자 한다는 보고가 있어왔다.

> H: 아버지는 량강도에서 국경 지키는 문지기 역할을 했단 말이죠. 근데 아버지가 고난의 행군 때에 중국에서 들여오는 물건들 일부 빼돌려서 집에서 일용했단 말입니다. 다들 그러니까. 주로 보따리장수들한테 물건 빼돌린 건데 뭐 죄책감이 어딨어요? 다들 그렇게 하는데, 월급이 제대로 나오길 하나, 방한복이 나오길 하나, 그 추운 데서 얼마나 고생하는데 그 물건 일부 빼돌린 것

가지고 손가락질하면 안되죠. 다들 그렇게 하는데. 그렇게라도 해야 사는 거지. 북에서 누구한테 미안해하고 그런 문화가 없단 말입니다. 인심이 없다고 보면 돼요. 다들 배가 고프고, 없으니까. 우리 집이야 그래도 아버지가 그렇게라도 해서 가지고 오는 물건이 있었는데, 없는 집도 태반이었죠.

C: 기백이 펄펄하던 아버지는 먹을 것이 없어지고, 엄마가 장마당에서 중국 물건 떼다가 팔고, 토끼 키워서 잡아먹고, 나무 속 뿌리 캐서 먹고 사니까 아버지 일이 없어졌죠. 아버지는 처음에는 당의 눈치 보느라 아무것도 못 하다가, 집에서 우리가 꾀꼬리처럼 죽겠다고 울부짖으니 처음에는 운다고 때리기도 했지만 일단 배가 많이 고프니까. 엄마가 그래도 이래저래 융통해오니까 집에서 목소리가 커진 거죠.

J: 우리 집은 맛있는 반찬, 맛있는 음식은 죄다 아버지나 오빠 차지였다는 거 아닙니까? 근데 다들 손가락 빨고 있었을 때 여자들이 산에 가서 나물도 캐오고 남자들이 뭐 했어? 자식들 굶어 죽어가도 생전 움직이질 않는데. 자기들 배고프다고 화만 냈지. 근데 중국 가보니까 같은 공산주의라도 남자들이 애도 보고, 밥도 하고, 청소도 다 하고 다르더라구요.

H: 그때가 2002년인데, 쌀농사 빼돌렸다고 총살형이 있었어요. 동네에서. 온 동네 사람들 다 나와야 해요. 총살할 때 안 가면 우리도 당할 수 있으니 꼭 가야 하는데, 그 비릿한 피 냄새와 그 사람들 총 맞고 축 늘어지던 모습이 아직도 선명해요. 아마 내가 죽을 때까지 잊지 못할 꺼야. 근데 그 전에 총살은 죄다 남자였는데, 그날은 여자였던 것이에요. 여자가 얼마나 저항을 했는지 머리며 옷이 죄다 헝클어져 있어서 얼마나 소름 끼치던지요. 내가 저 모습이 될 수도 있을 것 같다는 말도 안 되는 상상도 했어요.

제4장 끈끈한 부모자녀 관계

몇몇 참여자들의 조사 결과, 출신 성분이 낮을수록 부모와 자녀 간의 상호작용이 낮은 것으로 응답하였다. 이는 부모의 직업과 관련된 것으로 나타났는데, 한 예로 국경에서 가까운 곳에 거주할수록 출신성분이 낮고 업무를 위해 집을 비우는 일이 잦은 현상이 부모-자녀 관계에 영향을 미치는 원인 중 하나이다. 그렇기 때문에 참여자들은 아버지의 부재 경험이 잦았고, 아버지와 상호작용한 기억이 많지 않다고 응답하는 등 부정적인 경험에 대한 보고가 있었다.

> A: 내 아버지는 문학을 했던 사람이라 상당히 자상했어. 또 북에서 말은 안 했지만, 내가 남에 내려와서 알게 되었지만, 기독교 신자였잖아. 서로 사랑하고 감싸주고. 그래서 그런 건지 집 안에서 큰 소리 한번 낸 적 없어요. 근데 우리는 몰랐어요. 아버지가 기독교였다는 것을. 다른 집안은 그렇게 부모님이 따스하게 대해준 집이 있을지 몰라요. 우리 남매들은 아버지가 우리를 아낀다는 것을 느끼게 해줬어. 그래서 나도 딸 키울 때, 매 한 번 안 대고 키웠는데, 남편이 매를 치더라구. 딸을 사랑하는 마음도 있는데 또 폭력도 있었다. 그게 일반적인 북한 아버지의 모습이랄까? 내가 남한에서 지금 남편 만나서 놀라는 점은 애들과 관계가 달라요. 이야기도 잘 들어주고 참 좋지.

> B: 내가 살던 곳은 국군 포로와 북송 교포들이 득실거리는 은덕이라는 곳이에요. 그 아오지 탄광이 거기에요. 분위기가 아주 삼엄해요. 누구도 웃고 다니는 사람이 없었어요. 그리고 지금 생각해보면 남루한 옷에, 행색이 다들 너무 초라하고 사람 꼬락서니가 아니었어요. 옷 배급도 거의 없고, 특히 국군 포로들은 말도 못 했지. 자녀들도 그렇고. 정말 목숨줄이 붙어 있는 것이 신기할 정도지. 비참하게 살았어요. 그네들이 나보다 더 하층이었지. 나는 그

래도 남조선 출신이지만 국군 포로는 아니었으니까요. 거기 가정들은 정상적인 가정을 꿈꾸기 어려웠을 거예요. 매일 당에서 나와서 사상 교육하고 힘들게 했으니까. 그 집들은 엄마들이 목소리가 컸어요. 밖으로 목소리가 나올 정도였으니까. 그러면 또 그 집 아바이들 다 잡혀가서 교육받고 오는 거죠. 거기는 가족 간의 위계질서가 없죠. 오히려 엄마가 강하지. 남편한테 욕하고. 자식들도 아버지 원망하는 게 일상이지.

F: 우리 집은 중층이었는데, 그냥 비슷했어요. 부부가 다 일 하고, 딸들 다 탁아소에 맡기고 그냥 그렇게 살았는데, 부부간에 사이가 안 좋았어요. 나도 쎄고, 전 남편이 말이 쎄니까. 자주 싸웠지. 나는 북에서 이미 헤어졌어요. 못살아. 귀청이 떨어지도록 싸우는데. 애들한테도 살갑게 안 했어. 우리 애들도 아빠에 대한 기억이 아주 후져. 집안에서 딸밖에 없다고 소리 지르고. 딸이라고 정을 안 줬지. 둘째는 뭐 안아 준 기억도 없는 나쁜 인간이지. 지 새끼잖아. 내가 어디서 얻어왔어?

제5장 가족애

다수의 참여자들은 탈북 이후에 중국 등 타국에서 거주하면서 가족애가 생겨났고, 서로 의지하는 원동력이 되었다고 진술하였다. 또한 북한에 거주할 때 개인의 생존이 우선이었기 때문에 가족 간의 유대감은 거의 경험하지 못했다고 설명하였다.

> F: 언니와 4살 터울이라 북한에 살 때는 또래가 맞지 않아서 그렇게 친하다고 볼 수 없었어요. 일종의 세대 차이 같은 거죠. 북한도 물론 또래가 있으니까 4살 차이면 학교를 같이 다닌다 해도 고학년과 저학년의 차이가 있는 거죠. 첫 탈북은 내가 만 나이로 12살에 했는데, 1998년이니까 그때 언니는 만으로 16살이죠. 한국 나이로는 고등학교 1학년의 나이가 되는 거죠. 나는 그때 나이가 한국 나이로 치면 초등학교 6학년의 나이였지만, 그 순간부터 내 목숨은 내가 지켜야 하는 상황이 된 것이에요. 언니는 한국 나이로는 고1의 나이였지만 중국 시골에서 너무 험한 일을 당했어요. 정말 떠올리고 싶지 않을 정도로 힘든 일들이죠. 성적 학대도 그렇고, 밥도 양껏 못 먹었어요. 그래서 배가 너무 고파서 언니와 함께 끌어안고 잤죠. 너무 춥기도 했고. 그러면서 언니가 친구보다 더 끈끈한 사이가 되었던 것 같아요. 언니가 나를 보호해주기도 하고. 엄마는 그래도 출신 성분이 중층 이상이었어요. 결혼 전에. 평양 출신이라서 김일성 수령님도 봤네요. 멀리서. 근데 아빠와 연애를 잘못해서 군인이었던 은덕으로 온 것이죠. 그러면서 엄마 인생은 나락으로 떨어졌다고 봐요. 일단 아빠가 살가운 성격으로 엄마를 아껴주지도 않았고, 돌아가시기 전에는 엄마가 가족의 생계를 다 책임지고 병수발도 다 들었어요. 지금도 생각해보면 엄마가 웃고 살았던 시절이 있었을까 싶어요.

A: 중국 나와 있을 때 딸 데리고 나왔어요. 국경 넘는데 압록강이 꽝꽝 언거에요. 내가 이거 건너다가 나 죽으면 끝이다는 마음으로 딸 손을 놓칠까 봐 끈으로 둘 손을 꽁꽁 묶고 뛰었어요. 중국에서 난 험한 꼴을 당해도 딸만큼은 그 꼴 안 당하게 하려고 얼마나 애썼는지 몰라요. 여자잖아요. 내가 지켜야지. 아빠도 없는 애인데. 근데 애가 점점 커가니까 내가 지켜줘야겠다는 마음이 더 커지더라구요. 내가 원해서 탈출한 것인데, 중국에서 누구 믿고 살겠어요. 나 말고 누가 있어. 그래서 내가 더 이를 악물게 되더라구요. 사실 중국에서 같이 살자는 사람도 있었어요. 근데 내 딸이 거기서 무슨 일 당할까 봐 그런 거 무서워서 남한에 가야겠다 싶었죠.

C: 북한에서는 먹고 사는 문제가 가장 큰 것이잖아요. 먹을 것이 일단 항상 부족하니까, 배부르게 먹어본 기억이 없으니까. 그러다 보니 신경질이 가득하죠. 서로 바른 말 고운 말이 오고 가지 않죠. 그렇다 보니 서로 애정이 생길 일이 없는 것이에요. 북한 남편은 일단 무뚝뚝한 것은 기본이었고, 남한 남편에 비해 가족들에게 신경을 안 썼어요. 그냥 북한에 있었으면 그렇게 사는

것이 당연하다고 생각했을 거에요. 근데 남한에 와서 보니 남편과 살가운 정이 없으니 얼마나 재미없었을까 싶더라구요. 지금은 남편과 봄이면 꽃 보러 다니고, 가을이면 단풍 보러 다니고 사람답게 살아요. 남편 친구들 모임도 재미있게 다니고. 얼마나 재미있는지 몰라요. 북한에서 전남편은 동무들과 그렇게 친분 관계를 같이 하지 않았어요.

H: 북한에서 가족이 어딨어? 학교에서도 사상 교육받을 때는 가족보다는 혁명을 완수해야 하는 것이 앞서서 가족 고발 안 하면 내가 죽는데, 가족이 어딨어? 그런 비인간적인 사회잖아요. 김정은이 봐봐요. 자기 고모부, 어릴 때부터 뒤봐주던 고모부 그냥 폭탄으로 죽이는 거 봐봐요.

제6장 가족 간의 여가 있습네까?

참여자 대다수는 북한에 거주하였을 때 여가 시간에 집중하기 어려운 환경이라 진술하였다. 특히 (북한은) 이동의 자유로움이 허가되지 않는 상황이라 명절에도 친척을 방문하기 어려운 환경이며, 고난의 행군 시기 이전부터 전기 사정이 좋지 않아 이동하기 어려웠다고 한다. 또한 출신 성분이 하층에 가까울수록 여가가 무엇인지를 모르고 지내는 경우가 대부분이라고 하였다. 아니, 반드시 출신 성분이 아니더라도 대부분의 북한이주민들에게 '여가'의 개념이 과연 있었을까 싶다.

> B: 남한 와서 주말에 교회도 다니고 그러는 거지. 북에 있었을 때는 일요일에도 남새밭에 나가서 뭐라도 캐야 했고, 죽물이라도 끓여 먹고 싶어서 산에 나물이라도 뜯으러 갔지. 고난의 행군 이전에도 나는 한 7살부터 산에 나물 뜯었지. 주말이라고 일 안 하나요?

> F: 엄마 친척이 평양에 살아서 어릴 때 한번 간 적이 있어요. 가서 유원지도 가고 돌아다녔는데, 눈치를 많이 주더라구요. 친척이라고 그때 처음 만난 것인데, 그 친척들은 뭐 우리가 살던 은덕에 올 일이 없으니 아마 평양에 온 것이 불편했겠죠. 근데 주말에도 같이 나가지도 않고, 그냥 집에 있더라구요. 중국에 있을 때 중국 사람들도 주말을 보내는 거예요. 동물원도 가고, 음식점도 가고. 그런 문화가 너무 낯설었어요. 집에 TV가 있었지만, 나오는 시간이 정해져 있고, 전기가 안 좋으니까 나갔다가 들어왔다가 하니까 기계가 금방 고장 났어요.

> J: 주말에는 아침 일찍 일어나서 집 청소하고 그랬을 거예요. 나는 13살에 나와서 기억이 가물거리긴 해요. 근데 내가 나왔을 때는 이미 북한이 많이 망가

졌던 시기라서 뭐 나는 정상적으로 북한을 살아본 기억이 전혀 없어요. 오히려 중국에서 숨어 살던 기억은 생생하죠. 근데 북한은 잘 기억이 안 나요. 왜 그런지 모르겠지만. 그냥 머릿속을 다 지운 것 같아요.

제7장 (탈북과정에서 겪는) 불편한 기억

참여자 대다수는 탈북 이후 중국을 포함한 타국에서 도피 생활을 하면서 겪은 트라우마 기억에 여전히 시달리고 있는 것으로 나타났다. 개인의 기억뿐만 아니라 가족의 불행을 목격한 경우 자신이 막아주지 못한 안타까움으로 인해 여전히 고통스러워하는 것으로 나타났다. 특히 알지 못하는 남성으로부터 입은 성적 학대 경험을 겪은 참여자들은 고통스러운 트라우마를 호소하고 있었다. 한 예로 북한 여성이 강간당하는 것은 남자를 호리며, 꼬리치며 남성을 원했기 때문(김경숙, 2018)이라는 인식이 그들을 더 괴롭힌다. 따라서 강간을 당한 피해자들은 수치심과 두려움으로 성폭력 경험에 침묵할 수밖에 없다.

C: 국경을 넘고 숲속에 숨어 있었는데, 그때 나무 조각이 허벅지에 박혀서 그걸 제때 치료하지 못해 살이 썩었어요. 중국에서 나중에 인두 같은 것으로 지졌어요. 여전히 흉터가 심해서 모양이 달라요. 내가 피를 뚝뚝 흘리면서 걸어 다녔는데, 그 피 냄새가 아직도 기억 나요. 아픈 것보다 그 피 냄새 맡고 짐승이 달려들까 봐 무서웠어요.

F: 내 눈앞에서 언니와 엄마가 강간을 당했어요. 한국말을 하면서 도와달라고 할 수 없잖아요. 중국에서 잡혀가는데, 아무도 도와줄 수 없는 상황을 이해하긴 했지만, 내 눈앞에서 모르는 남자들이 강간하는 모습은 무슨 짓을 해도 잊히지 않아요. 내가 막아줄 수 없었다는 죄책감이 너무 심하죠. 나도 어렸죠. 나 스스로도 지키지 못했던 나이였죠.

B: 중국어를 전혀 못 하는 상황에서 중국 국경을 넘었는데, 마음은 너무 편했어요. 어차피 북한에서 굶어 죽는데, 중국에서 맞아 죽는 것보다 더 비참하다고 생각했거든요. 그래도 중국이 북한보다 낫겠다는 생각이 들었어요. 나는 어릴 때부터 자유가 무엇인지 모르고 살았어요. 남편이 때리면 맞고만 있고

그랬죠. 바보같이. 그런데 막상 중국에 가보니 굶지는 않더라구요. 근데 북한 여자들은 중국놈들의 놀잇감과 장난감이 되었어요. 그 더러운 시골 사람들. 우리를 사람으로 대접하지도 않았죠.

E: 조선족에게 속아서 팔려갔죠. 무서워도 울지도 못했죠. 공안에 잡혀가니까. 그렇다고 중국말을 제대로 하기를 하나, 중국에 대해 알지도 못하는데 잡혀 가면 죽을 만큼 두들겨 맞고 쫓겨나서 또 북한 가서 또 두들겨 맞으니까. 무서워서 당해도 그냥 참아야 하니까. 근데 무자비하게 구니까 거기서 애가 태어나고. 너무 아팠지. 임신한 줄도 모르고. 시도 때도 없이 때리고, 억박지르고, 많이 먹지도 못하게 하고. 괴로웠지. 내가 북에서 태어난 게 죄라면 죄죠. 나만 그런 것이 아니라 북에서 온 여자들은 많이 그러니까. 그래도 중국에 가족이 있으면 덜 당하는데, 아무도 없이 가면 나처럼 되는 거죠. 도망치는데 얼마나 힘들었는지 몰라요.

제8장 가족 형태의 변화

다수의 참여자들은 북한에서 사별하거나 배우자가 있는 상태에서 이산가족으로 지내다가 중국에서 도피 생활 중 중국인 또는 중국 동포 배우자를 만난 경우도 있었다. 또한 일부 참여자들은 입남 후 탈북자 혹은 남한출신 남성과 결혼을 한 경우도 있었고, 남한출신 남성과 결혼하여 생활을 하다가 이혼을 경험한 자도 있었다.

A: 어차피 북한에서 사별했고, 중국에서 좋지 않은 일을 당하진 않았어요. 다행히. 그렇지만 나를 혼자서 보호하지 못하기 때문에 나는 살아야 했기 때문에 남한에 오자마자 주변에서 선 보라고 하면 다 봤어요. 나는 보호막이 필요했어요. 지금 남편은 에어컨을 고치는 사람인데, 같이 산 지는 거의 20년이 다 되어가요. 내가 2005년부터 같이 살았으니까. 그러다가 2010년쯤 부동산 공인중개사 자격증을 따서 부동산을 열었다가 또 안 되어서 지금은 그냥 원래 있던 냉동고와 에어컨 고치는 기사로 일하고 있어요. 그래서 수입이 일정치 않지만 그래도 부부로 살기에는 부족하지 않죠. 내 딸도 아빠로 따르고 있으니까.

B: 나는 남자라면 아주 치가 떨려. 중국에서 시골로 끌려갔는데, 나는 이미 중국에 갔을 때 애를 낳을 수 없는 몸이었지. 나는 폐경이 일찍 왔어. 어릴 때부터 잘 먹은 기억이 없으니까. 그래서 애 낳고 일찍 골았지. 한 32살에 한 2주 넘게 계속 하혈을 해서 나는 왜 그런가 했지. 그러다가 온 몸에 열이 펄펄 났지. 먹지는 못하고. 그러다가 내가 감정 기복이 너무 심하게 와서 죽겠다 싶었어. 이렇게 죽는 것이나 맞아 죽는 것이나 매한가지라고 생각했어요. 그때 주변 사람들이 하나둘씩 다들 떠났지. 근데 내 아버지가 제주도 사람이라 무슨 일만 일어나면 나를 잡아. 그래서 나 이러다가 죽겠다. 나를 잡겠다 싶어서 그냥 무작정 맞아 죽겠다 싶어서 나왔지. 근데 그때 내가 이미 뼈가 삭아서 많이 못 걸었어. 한국 와서 고관절 인공관절 삽입했는데, 이미 그때 내

가 걷기에는 너무 아팠어. 너무 비참하잖아. 내 인생이. 한 번도 생각한 적 없었는데, 그냥 내가 북한에서 없어져도 모르잖아. 중국에서 남자들한테 몹쓸 짓 당했지만, 그래도 나를 그렇게 좋아하지 않더라구. 내가 볼품이 없으니까.

C: 여기 와서 만난 남편은 택시 해요. 개인택시. 근데 얼마나 자상한지. 전화도 자주 하고, 맛있는 것 있으면 나한테 가져다주고. 맛있는 식당 있으면 나 데리고 가고. 남편 일 안 하는 날만 기다리지요. 뭐 넉넉하지는 않지만 그래도 먹고 살 만하고, 남편이 친구도 많아서 얼마나 활발한지 몰라요. 남편 전 부인이 빚을 많이 져서 이혼했다는데, 내가 그 상처는 다시 떠올리고 싶지 않고. 얼마나 알뜰하게 살려고 노력하는지 몰라요. 북한에서 같이 살던 남편 아직 살아 있어요. 내가 몇 번 돈도 보내주고 그랬어요. 거기 아들이 있으니까. 내가 거기서 수배 붙어서 왔어요. 근데 집에서 항상 큰 소리가 났어요. 무능한 것도 그렇지만. 날 너무 때렸어요. 얼마나 때렸으면 내가 집 밖에서 잠을 잔 적도 많아요. 아들도 똑같이 지금 제 아내 때린다고 하더만. 북한에서 남자는 왕이잖아요. 그러다 보니 폭력이 그냥 일상이에요. 그래서 나는 지금 남편이 너무 좋은 거예요. 얼마나 자상한지 몰라요.

D: 나는 혼자 사는 것이 편해요. 남자 있으면 뭐해요. 내가 다 보살펴야 하고, 내가 다 해줘야 하고, 남자가 혼자 할 수 있는 것이 뭐가 있어요. 하나도 없어요. 하나부터 열까지 다 해줘야 하는 게 남정네인데. 집 안에서 꼼짝을 안 하잖아요. 근데 사위는 달라요. 손주들 기저귀도 갈아주고, 놀아주고, 마트도 같이 가주고 얼마나 좋아요. 딸들은 사위가 북한에서 아빠보다 너무 잘하니까 좋아하지. 그러니까 헌신적으로 내조하지. 딸들과 북한에 대한 이야기를 일절 안 해요. 서로 좋은 기억도 없는데. 그래도 내가 가장 잘한 일은 딸들 다 데리고 남한에 왔다는 것이에요. 일단 처음에 작은애 먼저 중국에 데려다 놓고 내가 북한에 가서 또 큰딸 데리러 갔다 왔어요. 큰딸이 그때 너무 아파서 살 수 있을지 몰랐거든요. 그래서 친척 집에 조 됫박 구해다가 주고 그걸로 죽물이라도 끓여주라고 하고 나왔다가 한 달 있다가 데리러 갔다 왔어요. 이모가 중국에 살고 있어서 나는 도움을 받은 편에 속하죠. 물론 누구도 반겨주지 않았어요. 근데 우리 애들은 너무 잘 컸어요. 중국에서 눈칫

밥도 오래 먹지 않고, 한국 와서 둘다 명문대 졸업했어요. 얼마나 대견해요? 남한에 있는 사람들도 못 가는 대학교 나왔는데. 사위들도 너무 좋아요. 나는 이 사위들이 너무 좋아요. 대기업 다녀요. 월급 잘 벌어다 줘. 우리 딸들 고생 안 시키고.

E: 중국에서 한족 남자한테 팔려갔잖아요. 내가 도망갈까 봐 문 앞에서 잠을 자더라구요. 남편 같은 생각도 안 들고, 그냥 산짐승 같은 느낌이었어요. 나도 냄새나지만, 그 사람은 생전에 씻지를 않았어요. 먹는 것도 감시하고, 많이 먹으면 때리고. 내가 치가 떨려요. 그러다가 죽을 힘을 다해서 도망 나와서 내가 조선족 남편을 만나서 여기까지 오게 되었어요. 지금 그래도 자기 밥그릇 벌이는 하니까. 이 사람도 내 덕에 남한 오게 된 것이고. 오고 싶었는데 길이 없었거든요. 내가 여기 오면 바로 국적 받고 비자 줄 수 있으니까 같이 왔어요. 근데 오기 전에 얼마나 상의를 했는지 몰라요. 내가 중국 국적을 받고 여기 들어와서 그냥 조선족으로 살까 하다가 그래도 탈북민으로 얻을 수 있는 것이 더 많아서 오게 된 것이죠. 온 것을 후회하지는 않아요. 여기서 지금 수급자에 이것저것 받고, 교회 열심히 다니고, 일할 수 일할 수 있으니까 좋죠. 내가 중국에 아들을 놓고 왔잖아요. 한족 전남편이 애는 놓고 가라고 해서 놓고 왔죠. 내가 너무 힘든 시기에 태어나서 엄마로서 잘 해주지도 못하고, 임신했을 때, 제발 죽었으면 좋겠다고 생각했어요. 너무 내가 힘드니까. 지금 남편은 중국에 딸이 있는데, 뭐 서로 연락 안 한 지 오래 되어서 우리는 우리 부부 두 명이에요. 뭐 그래도 남편이 중국에서 살았던 사람이라 그런지 집안일 안 내빼고 잘 하지. 음식도 채소볶음 이런 거 잘 하고.

F: 우리 세 모녀가 탈북하자마자 조선족한테 속아서 중국 시골로 팔려갔잖아요. 엄마는 그때 38살에 한족 남자한테 강간당해서 아이를 낳았잖아요. 남동생이 되었는데, 한국말 전혀 못 하고, 걔 아빠가 글을 모르니까 조선족으로 출생신고를 해 놓아서 조선족으로 되어있어요. 이제 대학교 2학년 다니고 있는데, 가끔 연락은 하죠. 근데 걔 아빠가 돌아가셔야 한국으로 올 수 있으니까. 북한에서 굶어 죽은 남동생도 있어요. 얘는 같이 살면서 그래도 정이 들긴 했어요. 얘 아빠는 미워도, 얘는 내 동생이잖아요. 지금 같이 안 살아도 엄마가 낳은 동생이잖아요. 그럼 동생이 맞죠. 그래도 애틋한 정은 없

지만, 남동생이 있다는 것은 인정해야죠. 언니는 한족과 결혼했어요. 조카는 한국말 하나도 못하고, 언니는 국적은 한국이지만 중국이 살기 더 편하다고 중국으로 갔어요. 우리는 중국에 가족이 있는 것이죠. 나는 나와 같은 탈북민 남자와 결혼했어요. 그냥 나를 그렇게 따라다니는 남자가 없었으니 결혼하는 것이 맞다고 봐서 그냥 결혼했는데, 성질머리가 너무 안 좋아요. 그리고 아직도 북한 남자의 특징을 가지고 있어요. 딸이 두 명이나 있는데도 가부장적인 면이 있죠.

G: 엄마와 둘이 남한으로 왔죠. 엄마는 나와 둘이 살았어요. 재혼을 하지 않았죠. 그것이 감사해야 할 일인지는 모르겠고, 내가 엄마한테 항상 경고했어요. 이상한 사람 만나서 고생하지 말고 혼자서 인생 즐기라고. 또 다른 가족이 생기는 것보다 엄마가 고생할까 봐 걱정하는 마음이 컸어요. 그래서 엄마는 재혼하지 않고 지금 내 애들 봐주잖아요. 일도 다니고. 엄마 나이에 이상한 사람 만나면 엄마가 병수발 해야 하잖아요. 탈북자들 중 나이 들어서 결혼한 사람 중에 그렇게 영감님 병수발 하는 사람들이 더러 있어요. 자기들 편하자고 그렇게 여자 들여다 놓고 아픈 거잖아요. 내가 그랬어요. 돈부자 아니면 그런 사람 만나서 살지 말라고. 남한 사람들은 약아서 또 당할 수 있잖아요.

H: 남편은 남한 남자잖아요. 내가 여기서 아들, 딸 낳고 살고, 시댁도 가깝고. 시누이도 있고, 나한테서 북한 사람의 흔적을 찾기 어려워요. 엄마도 남한에서 만난 새아빠 만나서 잘살고 있고, 거기도 아들, 딸 있는데, 엄마 공경하고 그냥 이렇게 살아요. 어딜 봐서 내가 북한에서 온 티가 나요. 나는 고등학교부터 여기서 나와서 나는 남한 친구들이 더 많죠. 정서적으로도 뭐 나는 북한에서 온 여자들이랑 잘 안 맞는 부분이 있는 것이 그렇게 자기들끼리 돈거래를 해요. 나는 일단 지금 일을 안 하고 남편이 돈 벌어다 주는 것으로 살림하고, 내가 평택에 살잖아요. 그래서 거리감이 있죠. 그러니까 자연스럽게 멀어지고. 나는 지금 애들 학부모와 좀 알고 지내는데 그래도 시댁이 가까워서 시댁 어른들 자주 만나고, 가족 모임이 많으니까, 그냥 애들 키우고 시댁 주말에 왔다 갔다 하면 시간이 다 가죠.

I: 어디서든 의지할 사람을 만나는 것은 쉽지 않죠. 그렇다 보니 나는 서로 마음 맞아서 잘 지내면 가족이 될 수 있다고 생각해요. 북한에서도 나는 사랑받고 성장하질 못했어요. 그래서 나는 지금도 돈 벌고 살림 나아지는 것에 더 힘을 쏟아요. 아들 키우기 쉽지 않죠. 일단 ADHD 진단을 받아서 나댄다고 다들 손가락질하는데, 나는 내가 탈북민 출신이라서 그러는 것 같아요. 근데 나도 죽을힘을 다해서 적응하려 하기 때문에 얘가 극복해야 하는 몫이라고 생각해요.

J: 나도 아들을 키우지만, 나는 아들에게 그렇게 정성을 쏟지 못하죠. 북한에서는 오빠가 무조건 다 받고, 없는 살림에 대접받고 자랐죠. 나는 한 번도 내가 갖고 싶은 것을 가진 기억이 없어요. 그래서 아이들에게도 다 해주고 싶지만, 내가 가진 것은 별로 없는데, 다 해줄 수는 없잖아요. 남편과 그런 면에서 충돌이 많아요. 남편은 남한에서 자랐고, 많이 배우지는 못해도, 그래도 일 열심히 하는데, 벌이가 시원치 않아서 우리 살기도 너무 빠듯하죠. 그렇다고 아이들에게 수급자 자녀라는 꼬리표를 붙여주고 싶지 않고. 시댁도 형편이 그리 좋지 않아요. 내 손위 동서는 베트남 사람이에요. 시골에서 농사짓고 사는데, 시어머니가 고구마며 달걀이며 이것저것 보내주긴 해요. 근데 시골이라 뭐 다 살기 힘들죠. 그래도 북한보다 낫다고 보지만 또 여기는 여기대로 스트레스가 있으니까요. 북한이라고 다 나쁜 것만 있는 것은 아니에요. 애들은 일단 나라에서 키워준다고 생각하죠. 부모가 책임감이 별로 없어도 아이를 키울 수 있는 사회가 북한이에요. 그에 비해 남한은 부모가 다 해줘야 하고. 그런 것들이 나를 힘들게 하죠.

제9장 가정폭력

북한에서 부부간에 발생한 신체적·성적·정서적·경제적 폭력과 방임을 비롯한 가정폭력 전체 발생률은 53.8%로 나타났다 (여성가족부, 2013). 이는 남한의 일반 가구와 비교했을 때 탈북가정에서 모든 유형의 부부폭력 빈도가 더 높게 자주 발생하는 것이며, 신체적 폭력은 약 3배 정도 더 높게 발생하는 것으로 나타났다. 주된 이유로는 가부장적 국가의 폭력성이 가족관계에도 영향을 주어 가부장제 가치관, 남성 중심의 일방적인 규범이 주도적일 수밖에 없으며, 이것이 가정 내에서 여성폭력, 아동학대, 방임 등으로 표출된다(남보경, 2012; 안지영, 2011, 안인해, 2001). 민지원(2003)은 북한 사회에서 가정폭력, 성폭력과 같은 여성폭력은 일상적인 관행으로 용인되고 있음을 지적한다. 또한 이화진(2010)은 북한에서 남성 중심의 결혼연령 규제로 인한 낙태, 남편의 폭력과 외도, 여성의 성적 자기결정권 침해 등이 결혼생활에서 드러나는 문제점이라고 하였다. 뿐만 아니라 탈북 후 중국에서 인신매매, 성폭력, 가정폭력에 노출되어 남성과 동등한 관계가 될 수 없음을 암묵적으로 인식한다고 주장한다. 이는 자녀들에게도 영향을 미치는데 이들은 정서적으로 불안하고 우울하며, 공격성과 적개심, 충동성, 주의집중력 저하 등 어려움을 보이며 지적능력과 학습능력에서 매우 부진한 수준으로 나타났다(정추영, 2002). 이처럼 폭력적 생태체계 환경에서 일상적인 관행으로 용납되는 가정 내에서의 폭력은 일반적으로 용인되고 관대하게 받아들이며 그 정당성을 확보하며, 세대를 넘어 다음 세대로 전이되는 경우도 있다(김경숙, 2018).

G: 나도 모르게 아들이 말썽부리면 손이 올라가게 되더라구요. 나도 어렸을 때 무조건 맞았으니까. 근데 맞는 것에 대해서 저항 한 번 하지 못하는 거죠. 그리고 나도 맞고 나서 오히려 부모에 대해 원망만 가득했는데, 내 아들도 그렇겠지만 일단 내가 보고 배운 것은 때리고 맞는 부모와 자식 간의 관계예요.

B: 북한에서 아버지가 삽자루로 때렸어요. 말대꾸했다고. 눈에 보이는 것으로 막 때리지 뭐 다들 그러고 살아요. 은덕에서는 말도 험하고. 힘이 있든 없든 다들 손이 먼저 올라가죠. 주로 어른과 대화하다가 맞은 기억이 많아요. 길에서도 남자가 여자를 때리는 상황도 본 적 여러 번 있어요. 아무도 안 말리죠. 그냥 때리면 맞을 짓을 했다고 생각하죠.

제10장 육아는 아직도 여성의 몫

다수의 참여자들은 자녀의 육아 시기 또는 육아에 대한 책임은 전적으로 여성의 몫이라고 응답하였다. 북한 남성은 자녀 양육 또는 교육과 관련하여 거의 관여하지 않으며 여성이 전담해야 한다고 한다. 실제로 북한에 거주할 때는 탁아 시설을 이용하기 때문에 육아와 관련되어 여성의 책임이 무겁다고 실감하지 못하지만, 남한에 입국한 이후에는 '육아는 여성의 몫'이라는 신념이 그대로 유지될뿐만 아니라 자신이 양육과 관련하여 의사결정과 선택해야 하는 일이 많아지면서 육아에 대한 부담감이 강한 것으로 나타났다. 예컨대 어린이집을 보내야 할지, 유치원 혹은 영어유치원을 보내야 하는지, 영어공부는 언제부터 시켜야 하며 피아노와 태권도도 기본으로 다니는 옆집 언니들과 비교하며 혼란스러운 시기를 맞이하곤 한다.

> F: 남편이 당연히 아이 챙기고 돌보는 것은 여자가 하는 일이라고 그 이야기로 얼마나 다퉜는지 몰라요. 뭐라고 하면 성질내면서 집 밖을 나가니까. 그러면 나만 아이를 돌보아야 하잖아요. 다른 북한이탈주민 출신 친구도 남편도 같은 곳에서 온 사람인데, 아이 돌보라고 하면 화를 내고 며칠간 집 밖을 나가서 들어오지 않는데요. 내 남편도 회식에 술 마시고 하는 것에 대해 전혀 부담을 느끼지 않죠. 나도 일이 있는데 내가 그렇게 하면 화를 내고요. 왜 그렇게 살아야 하는지 계속 싸우는 중이에요. 근데 안 바뀌더라구요.

> J: 이상하게 북한 출신 남자들은 남한에 와서 북한에서 살던 모습 그대로 살아요. 남한에서 가장 힘든 것이 육아잖아요. 아이 돌보는 것도 일이지만, 공부 시키고, 학원 보내고, 알아봐야 하고, 이래저래 힘든 일들이 많잖아요. 그런 것을 알려고도 안 하고, 자기 힘들다고 성질만 내더라구요.

전주람

가족의 개념, 사랑관, 연애관, 결혼의 조건과 결혼문화

○

제2부에서는 '가족'이라는 개념을 필두로 탈북청년들이 인식하는 가족의 개념이 무엇인지, 탈북청년의 연애, 성과 사랑과 관련한 가치관은 어떠한지 몇몇 탈북 청년들의 가족 이야기에 관해 생생한 대화방식으로 기술하고자 한다.

제1장 (탈북여성 청년들에게) 가족이란 무엇인가?

최근 탈북한(2019년) 강예나 씨(가명)에게 물었다. 그녀는 인터뷰 당시 미국 한 대학에 입학하기 위해 토플 공부에 몰입하고 있었다. 그녀는 '가족'이라는 개념 정의에 관해 한 번도 생각해본 적이 없다고 단호하게 말했지만, 인터뷰를 이어가는 과정에서 가족이란 '따뜻한 곳', '(사람 간에) 교류가 있는 곳'이라고 생각을 정리할 수 있었다. 이러한 결과는 전통적인 가족개념의 주된 요소로 꼽힌 공동거주, 경제적 협력, 자녀출산과 핵가족이라는 가족형태가 강조된 것이 아닌 가족원들 간의 관계적이고 정서적인 측면이 강조된 결과이다. 참고로 예나 씨의 롤모델이 되어주는 부모님 역시 탈북한 자들이다. 운이 좋게도 예나 씨는 가족들 모두 탈북한 케이스에 속한다.

> 전: 가족의 개념이랄까… 가족의 개념을 한 문장으로 정의했을 때 무엇이라고 할 수 있을까요? '가족'이라는 단어에 대해 생각해본 적이 있을까요?
>
> 강: (단호하게) 없어요.
>
> 연: 그렇구나. 그래도 지금 같이 한번 생각해볼까?
>
> 강: 일단 따뜻한 곳이 떠올라요.
>
> 전: 그걸 풀어서 설명하면 어떤 의미일까?
>
> 강: 어려운 질문이긴 하네요. 저는 교류라 생각해요, 함께 나누고 교류하는 것이 아닐까요. 기쁜 일, 슬픈 일을 나누고 싶을 때 혼자 있으면 그게 너무 어렵거든요. 가까이에 (북에서) 혼자 오신 분들 너무 많아요. 학교 다녀왔을 때나 나갔다가 집에 들어왔을 때 식구들이 있는 웃음소리 그런 게 있으면 좋을 것 같아요.

전: 그러면 좋은데… 가족들이 다 웃음소리만 나는 건 아니잖아요? 갈등도 있고…

강: 네. 그런데 저희 집은 그런 분위기에요. 뭐 피는 물보다 진하다 이런 것도 있잖아요. 북한에서도 그런 말을 많이 해요. 강아지도 많이 키우지만 그래도 강아지는 강아지고… 제 생각에는 강아지보다는 사람이 먼저다. 결혼하고 슬픈 일이나 기쁜 일에 같이 의논하고 그런 게 가족이 아닐까요?

전: 나중에 결혼하면 어떻게 살고 싶어요?

강: 저희 집에서 아빠, 엄마처럼 살고 싶었어요, 저는 아빠 같은 남자를 얻고 싶다고 그랬고, 제 동생은 엄마까진 아니어도 엄마 같은 사람을 얻고 싶다 그랬어요.

전: 부모님이 모델링이 되어주셨네요.

강: 네. 어렸을 때부터 그랬어요. 주위에서 우리 집을 다 인정하고 그랬어요. 아빠는 엄마한테 잘해주고, 자식 교육도 잘 하셨어요. 사실 우리 엄마 아빠가 제가 태어나기 전부터 중국 오가며 생활을 해왔어요. 엄마는 한국에 친척들이 있어 가지고 자주 중국에 드나들고 생활 형편이 좋았어요. 다른 애들은 돈 있다고 아빠 엄마 믿고 소위 다른 애들 막 못살게 굴고 그랬는데… 우리 집은 그렇게 하질 못하게 했거든요. 엄마 아빠가 돈이 많고 학교에서 회장도 시켜주고 그랬지만… 부모님들이 힘든 일을 해봐야 사람이 귀중하고 돈이 귀중한 줄 안다고 저랑 동생이 다 일하러 갔어요. 빠진 거 없이 다 갔어요. 원래 북한에서 돈 있는 애들은 일 안 하거든요. 저희는 감자도 캐고, 산열매도 따는 그럼 경험도 다 해봤어요. 그렇게 엄하게 키우셨어요. 엄마 아빠가 저의 롤 모델이긴 한데요. 지금 와서 보면 아버지가 북한 남자라는 그런 게 남아 있어 가지고… 여기 와서 엄마한테 예전보다 잘하지만, 엄마한테 꽃 선물하고 그런 걸 안 좋아하세요, 엄마한테 필요한 목걸이나 그런 걸 선물하지 뭣 하러 꽃을 선물하냐 그러세요. 제가 엄마 생일에 꽃 선물을 하니까 막 욕하시는 거예요. 며칠 있으면 시드는데 왜 그런 걸 하냐고, 아직도 북한 그런 게 남아 있는 거예요. 여기 온 지 한 7년 넘으셨는데… 연세가 있으셔서 그런지 잘 안 변하시더라구요.

난 예나 씨와의 만남을 시작으로 조금 더 여러 명의 청년들과 가족 이야기를 이어가기로 했다. 아래 4명 모두 2012-2019년 탈북한 자들의 여성 청년들이다. 그들이 인식하는 가족개념에 관해 질문을 던져보았다.

일시 : 2023년 1월 21일, 오전 10:00-오후 12:30
참가자: 김무란, 최율, 여민정, 민찬영(가명)_(총 4인, 탈북여성 청년, 20대, 2012-2019년 탈북)
진행자: 전주람, 연구보조원 1인 (총 2인)

전: 가족이 뭘까. 정의가 쉽지 않은 거 같아요. 쉬운 거 같으면서 어려운 거 같아요. 가족을 한 문장으로 정의한다면 무엇이라고 말하고 싶으세요?

여민정: 가족이란 건 '가족 같은 사이'. 가깝지도 않고 멀지도 않은 사이. 멀리서 응원해주는 그런 사이인 거 같아요. 주변 사람이 잘 되면 배 아프다고 하잖아요. 제 주변에는 가족 중에 그런 사람 거의 없는 거 같아요. 그러니까 가족이 있기 때문에 덜 힘들고 그래야죠. "잘못했어도 괜찮아. 넌 이겨낼 수 있을거야."라고 말해주는 사람들. 해주는 사람들. 근데 뭘 못하면 비난하고 그러잖아요.

민찬영: 가족이란 친구 같은 사람. 친구랑 싸우는 거처럼 가족들끼리도 싸우고 화해할 수 있고. 그래도 아무렇지 않게 계속 지낼 수 있는 사이. 같이 있어도 어색하지 않은 사이? 허물없이 편하게 있을 수 있는 사이 아닐까요.

김무란: 가족은 소중함이다. 제가 가장 힘들고 어려울 때 가족이 가장 도움이 되고 응원해주기 때문에 '소중한'이라는 단어로 비유했어요. 저는 17살까지 북한에 있었어요. 북한에서, 가족은 모든 걸 함께하는 사람. 할 일도 같이하고. 공동체적인 성격이 강했던 거 같아요. 어려운 일이 있으면 무조건 같이하고. 근데 여기오니까 각자 가족이래도 할 일이 있다.

개인적으로 하는 게 있는 거 같아요. 여기오니까 직업도 찾아야 하고, 공부도 해야 하고 할 일이 많잖아요. 여기는 자기계발도 많이 해야 하고. 그래서인지 앞으로 혼자서 살아가야 한다 그런 개념이 많은 거 같아요.

전: 김무란은 어디가 더 잘 맞는 거 같아?

김무란: 사실, 전 북한에 있을 때 그런 느낌(공동체 문화)이 더 좋았거든요. 제가 의지할 수 있고 하는 그런 느낌이 강했거든요. 끈끈하고 그런 게 강한 거 같아요.

민찬영: 끈끈한 게 맞는 거 같아요. 저는 지금 여기가 더 좋은 거 같아요. 뭔가 다 바쁘지만 때로는 개인의 시간도 가질 수 있는 거 같아서. (가족끼리) 다투면 떨어져 있을 수 있구요. 북한에서는 어린 나이라서 잘 다투진 않은 거 같아요. 저는 6살 때 한국에 왔어요.

여민정: 저는 고향에서 '가족은 하나이다. 무조건 뭉쳐야 한다.' 그런 거였던 거 같아요. 그때는 이모가 키워주셨어요. 한국에서는 그냥 우리 엄마가 진짜 엄마 맞나 할 정도로 냉정하다고 해야 할까? 엄마가 3살까지 키워주고 이모가 키워줬어요.

전: 아, 엄마랑 너무 오래 떨어져 있다 보니 어색하다고 했었지?

여민정: (여기 남한 엄마들은) 프라이버시를 보호해준다고 하는데. 제 엄마(탈북자)는 핸드폰이랑 다 뒤지고 그래요. 북한 같은 경우 애들이 같이 모여 노는 걸 좋아했거든요. 고무줄이나 공 같은 거 같구요. 그러다 보니 카톡 같은 거 안 하고 직접 만나서 얘기하고 그랬거든요. 근데 한국에서는 카톡 많이 하잖아요. 그럼 카톡내용을 엄마가 다 보거든요. 그게 절 무시한다는 생각이 들었어요.

전: 음, 그렇구나.

민찬영: 저는 바뀐 부분은 없는 거 같아요. 저희 가족은 대체로 놔두는 스타일이에요. 제가 뭘 해도 알아서 하게 하는 스타일이에요. 혼자 하는 힘을 잘 기르려고 하는 거 같아요.

김무란: 가족에 대한 생각의 변화는 딱히 없었던 거 같아요. 근데 가족이랑 떨어져 있는 시간이 있었으니까 '가족이 떨어져도 뭔가 할 수 있구나'라는 생각은 들었어요.

전: 반드시 한 지붕 아래 있지 않아도 가족일 수 있는 거네… 반려견은 어때?

김무란: 저는 반려견을 안 좋아해서 이해가 안 됐거든요. 근데 친구들은 반려견을 좋아하니까 그럴 수 있다고 생각해요. 근데 제가 고양이나 강아지를 가족으로 받아들일 생각은 없는 거죠.

연구보조원: 결혼은 때가 되면 하는 거고 아이도 낳는 거지 생각했던 거 같아요. 근데 요즘은 그렇지 않은 거 같아요. 아버지, 어머니와 자식들이라는 고정된 형태에서 많이 벗어나고 있는 거 같아요. 결혼이 꼭 필요한 거라고 생각하는지도 궁금합니다.

김무란: 저도 예전에는 당연히 결혼해야 한다고 생각했던 거 같아요. 근데 요즘은 결혼 생각 솔직히 안 하는 거 같아요. 비혼주의라는 게 괜찮다고 생각하거든요. 일단 배우자나 자식이 있으면 신경을 많이 써야 할 거 같아요. 근데 혼자면 일하면서 혼자 하고 싶은 거 하고 살면 편할 거 같다고 생각돼요. 근데 나이 들어 짝꿍이 있으면 좋겠다는 생각도 있어서 결혼은 해야 하나 그런 생각도 들어요. 지금은 결혼은 안 해도 될 거 같다는 생각이 있지만 변할지도 모르겠어요.

전: 동거는 어떻게 생각해요?

김무란: 저는 나쁘지는 않다고 생각해요. (북한문화에서 동거는 어때요?) 북한에서는 동거하면 안 좋은 시선이 있는 거 같아요. 일단 안 좋게 생각하는 거 같아요. 물론 북한에서도 동거할 수는 있어요. 근데 아무래도 부모님이 못하게 하고 그래요. 부모님 집에 남자친구와 같이 사는 경우가 있기는 해요. 물론 비율적으로 동거가 많이 없긴 하죠. 근데 저는 동거 괜찮다고 봐요. 상대방을 알아갈 수 있는 시간이 많은 거니까 그건 장점이에요.

여민정: 저는 비혼주의자에 가까워요. 그러니까 전 결혼해도 혼인신고는 안 하

고 싶어요. 결혼 자체가 저한테는 발목 잡힌달까요. 연인 사이는 마음에 안 들면 헤어지면 끝이잖아요. 결혼은 바로 끝낼 수 없잖아요. 법정 같은 데도 가야 되구요. 어쩔 수 없이 살아야지. 그거 공감 못 하겠어요. 굳이 이혼을 만들고 싶지는 않아요. 진짜 좋으면 동거하는 게 낫고, 웬만하면 연애만 하고 동거 안 하면 더 좋아요.

전: 북한에서도 그런 생각 했었어?

여민정: 아뇨. '20살 되면 바로 시집가야지'라고 생각했었어요. (남한에 와서) 동거도 해보고 했는데… 그 사람 모든 걸 알게 되니까 정 떨어지고.

민찬영: 저는 필요하다고 생각해요. 결혼이요. 왜냐면은 혼자 일해서 다 늙어서 백을 살 거고 아니고. 미래 보장으로. 자식도 낳아서 커가는 모습을 보고 그럼 행복할 거 같아요. 아이 낳으면 의욕이 생길 거 같아요. 돈도 더 벌고. 일을 더 하지 않을까.

전: 결혼하면 뭐가 좋을까?

민찬영: 온전한 사람이 된다고 하잖아요. 결혼하기 전 동거도 나쁘지 않다고 생각해요. 사람이 다 완벽할 수는 없으니까.

최율: 결혼은 자유 선택인데. 결국, 결혼하면 좋다고 생각해요. 결혼을 해서 뭔가 유지하는 기간에 자식이 있어야 오래 유지될 수도 있고. 결혼을 하면 개인적 생각으로는 혼자 사는 거보다 삶의 만족도가 올라갈 거 같다는 생각이 들어요. 친밀감이라든지. 혼자는 좀 고독하고 외롭잖아요. 특히 힘들 때 어떤 존재가 옆에 있어 주는 거만 해도 도움이 될 거라고 생각해요. 결혼해서 후세를 남기는 게 좋다고 생각하거든요. 혼자서 애 키우는 사람도 많은데. 그래도 결혼해서 하는 게 좋다고 생각해요.

전: 만약 가족의 테두리를 만들고 자녀를 낳고 서로 의지하고 사는데 살다보니 배우자가 도박중독이라거나 때리는 가정폭력이 발생한다면 어떻게 하시겠어요? 가정폭력, 도박 등이 있다면?

최율: 이혼을 한다든가 하는 게 본인과 자녀에게 좋은 선택이라고 봐요.

연구보조원: 결혼을 망설이게 되는 큰 이유 중 하나가 부양인 거 같아요. 서로에 대한 책임은 어디까지 일까요?

최율: 가족을 남이라고 생각해본 적이 한 번도 없어요. 심리적, 물리적으로 가까운 거 같아요. 책무를 나누기보다는 솔직히 부모가 자식에게 해줘야 한다는 책임감은 없다고 생각해요. 부모님이 해주면 감사하게 받는 거고. 뭐랄까요, 서로의 마음이 중요해요. 무얼 해야 한다, 말아야 한다? 그보다는 그보다는 상황에 따라서 마음이 통하는 그런 게 중요해요.

전: 아이가 생기면 어디까지 개입하는 게 부모의 책임일까요?

여민정: 아이가 결혼할 때까지 감당해야 하는 거라고 생각해요. 아이를 낳는다면 아이를 위해서 뭐든지. 아이가 원하는 거 다 해줘야 한다고 생각해요. 진짜 부족함 없이. 그렇게 키우고 싶어요.

민찬영: 저는 20살까지 의무적으로 지원해줘야 한다고 생각해요. 그 이상은 여유가 있으면 해주면 좋고, 여유가 없다면 무리해서 해줄 필요는 없다고 생각해요. 저는 혼자 알아서 할 수 있는 힘을 키워줄 거 같아요.

전: 자녀가 스스로 주도적으로 살아가도록 하는 힘, 어떻게 키울 수 있을까?

민찬영: 어린 나이에 많은 경험을 해보는 게 중요한 거 같아요. 부모님과 떨어져 기숙사 생활도 해보고, 혼자 자취도 해보고 그럼 좋을 거 같아요.

전: 근데 내 자식을 다양하게 경험시키려면 세상이 험하기도 하고 그렇잖아?

민찬영: 그치만 이렇게 해야 오히려 나중에 자기 혼자 할 수 있는 힘을 키워주는 거예요. 자신감을 더 채워주는 거예요.

김무란: 저는 아이가 학교를 다니고 졸업할 때까지 교육은 지원해줘야 한다고 생각해요. 취직이나 그런 건 본인이 알아서 하구요. 고등학교까지요. 대학교 때는 공부하면서 알아도 할 수 있잖아요. 미성년자까지 지원해주는 거죠.

연구보조원: 책임 불일치?

최율: 만약 부모님이 해주면 감사히 받는 거요. 자식들 인식 바꾸는 게 중요한 거 같아요. 부모가 해주는 거 당연하다는 생각을 버리고 내 인생 위해 자기가 해야 한다는 인식을 심어주는 거죠. 그런데 해주시면 감사하다고 받고. 그렇다면 서로 가족관계가 끈끈하게 맺어질 수 있을 거 같아요. 그러니까 평소에 가족 교육, 사회적으로 교육해주는 거 중요한 거 같아요.

김무란: 부모님이 책임을 어디까지 져야 할까 하는 거잖아요.

연구보조원: 구체적인 예를 들어볼게요. 자식이 나한테 대학가야 하는데 돈 좀 주세요. 혹은 취직하려는데 정장을 사달라고 해요. 근데 안 해주니까 자식이 서운하다고 해요. 그러면요?

김무란: 제가 엄마라면 대학 등록금은 대줄 거 같아요. 근데 정장은 글쎄요. 대학 때 미리 공부하면서 알바 해서 돈을 모아서 준비해야 하지 않나 생각해요. 취직할 때 당연히 중요하긴 하지만 그렇게 한가지씩 해주다 보면 다 해줘야 할 수 있으니까요.

최율: 자식이 그렇게 해달라고 할 때 해주지만. 뭔가 당연한 게 아니다 이런 걸 주입할 거 같아요. 자식에게 선을 그어 주는 거죠. 딱 여기까지야. 그리고 네가 알아서 해. 기준을 세워주는 거죠. '엄마가 앞으로도 필요한 거 해줄 거야'라는 생각이 있잖아요. 그렇기 때문에 기준을 딱 세워주는 게 필요한 거 같아요.

민찬영: 놀기만 했냐고 하며 혼낼 거 같아요. 분명히 시간은 있었을 텐데. 모아놓은 돈이 한 푼도 없다는 건 게으르다는 거예요. 약간 잘못 키웠다고 욕할 거 같아요. 애당초 이런 것도 내가 해야 한다는 인식이 바뀐 애가 잘 키운 애죠. 진짜 급한 게 아니면 막 돈을 요구하진 않을 거 같아요.

여민정: 정장이나 등록금 같은 거는 진짜 필요한 거잖아요. 근데 동거를 하는 데 돈이 필요한 건 못 해주죠.

전: 왜일까요?

여민정: 그건 일단 자기 스스로 살겠단 건데. 자기가 노력해야죠. 그거까지 나한테 바라냐고 할 거 같아요.

전: 혈연이 아니어도 가족일 수 있을까요?

김무란: 저는 혈연이어야 가족이라고 생각해요. 혈연이 아니면 뭔가 가족이라는 생각은 안들 거 같아요. 친밀한 관계여도.

전: 부부는 혈연이 아니다. 그치?

김무란: 결혼을 해서 남편이 있어도 좋아하는 마음은 있어도 가족이라고 생각은 안 할 거 같아요. (자녀를 출산해야 되겠네) 네.

전: 공동체 가족에 관한 의견이 궁금해요. 요즘 혈연이 아니어도 취미가 같은 경우나 이혼하고 법적인 혼인관계는 아니어도 함께 사는 경우도 있고… 다양한 거 같아요.

김무란: 공동체 가족은 살짝 혈연이라기보다는 서로가 잘 맞고 하니까 친구 느낌이지 않을까요. 가족이라고 볼 거 같지는 않아요. 가족이라면 혈연으로 묶인 게 중요해요.

최율: 저는 개인적으로 혈연이 아니어도 가족일 수 있다고 생각해요. 예를 들어 혈연으로 묶인 가족인데 가족이 남보다 못할 때가 있다, 그런 사건도 많이 봤거든요. 혈연이 아니어도 가족보다 더 친하게 지내고. 예를 들어 고아를 데려다 키워도 가족이구. 피를 나누는 게 가족이 아니라 마음을 나누는 게 가족인 거에요. 서로 통하는 게 중요해요. 서로 위로가 되고 위해줄 수 있는 게 가족이죠.

여민정: 저는 혈연이 아니어도 가족일 수 있다고 생각해요. 입양해도. 재혼도. 이 사람을 좋아하면 그 자식도 좋아할 수 있다고 생각하구요. 딱히 혈연만이 가족이 아니구요. 그게 안 될 이유는 없다고 생각해요.

민찬영: 저는 혈연이 아니어도 가족이라고 할 수 있을 거 같아요. 남남으로 결혼하잖아요. 근데 애가 생기면 가족으로 묶이고. 모두 남으로 시작하잖아요. 가족이. 모르는 사람이 만나 가족을 만나는 게 신기한 현상 같아요.

전: 아 그렇죠. '가족'이라는 단어가 아주 가깝지만 생각해보면 아주 낯설고 어려운 단어이기도 한 거 같아요.

제2장 결혼궤도로 진입하고자 하는 심리학자 민청 씨(2007년 탈북, 심리학자, 미국인과 연애 중)

민청 씨(가명)는 직행하였다. 민청 씨 엄마는 먼저 한국에 왔고, 민청이는 유일한 외동딸이다. 자기 목숨보다 소중한 딸이랄까. 그래서인지 민청 씨 엄마는 브로커에게 큰돈을 주고 일주일 만에 민청이를 안전하게 이동시켜 품에 안았다. 2007년 민청 씨는 남한 땅에 발을 딛고 적응해나갔다. 엄마와 단둘이 임대 작은 한 아파트에서 성공의 꿈을 안고 말이다. 민청 씨의 부모는 그녀가 9-10세경 북한에서 이혼했다. 아버지는 의사였었다.

난 민청 씨와 서울에 위치한 한 카페에서 만났다. 2014년 그녀의 어머니와의 인터뷰를 계기로 민청 씨를 만날 수 있었다. 인터뷰 당시 민청 씨는 초등학교 나이 때 한국으로 입남하여 서울에 위치한 한 임대주택에서 어머니와 둘이 지내고 있었다. 그녀는 한국에서 소위 명문대 대학원생의 신분이었고 심리학을 전공하고 있었다. 그녀는 누가 봐도 북한에서 왔다는 의심이 들지 않을 정도로 명민하고 키가 큰 외모와 세련된 도시녀의 이미지로 비춰졌다. 경제력만 빼고 말이다. 그녀는 말하는 속도가 매우 빨랐다. 그리고 인터뷰 전후로 스터디 카페, 학교, 랩실 프로젝트 등을 오가는 모습이 매우 분주해보였다. 현재 그녀는 한국에서 꽤 인지도가 높은 한 대기업 연구소에 취업하여 근무 중이다. 그녀가 북한에서 온 사실은 아마도 그녀의 가족과 남자친구, 그리고 인터뷰했던 나 몇명만 알고 있을 것이다.

그녀가 한국에 온 지는 꽤 시간이 지났지만, 북한배경 청년으로 그녀가 지닌 연애와 성, 사랑 및 결혼과 관련된 가치관이 어떠한지 살펴보고자 하였다. 난 개괄적인 인터뷰질문은 준비했지만 자유롭게 이야기 나눠보기로 했다.

일시 : 2021년 8월 13일, 오후 2:00-오후 4:00 (1회기)
　　　2021년 8월 25일, 오후 2:00-오후 4:00 (2회기)
참가자: 민청(가명)_(20대 중반, 여성)
진행자: 전주람

전: 오늘은 연애, 성과 사랑에 관해 자유롭게 이야기 나눠보고자 해요. 일단 연애의 목적이라 할까? '연애의 목적'이라는 영화 제목도 있긴 하잖아요. 사실 뭐 사람마다 다르겠지만 뭔가 연애를 함에 있어서 어떤 지향점이 있는지, 연애 자체에 대해서 어떻게 생각하는지 궁금해요. 뭐 그러니까 좀 극단적으로는 어떤 사람한테는 연애 과정에서 원나잇이나 이런 부분도 있을 수 있고, 어떤 사람은 되게 좀 뭔가 정서적인 교류나 그런 거에 좀 더 큰 가치를 두는 사람도 있잖아요. 민청 씨가 생각할 때 스스로 연애의 목적은 무엇이라고 생각하는지. 그 부분에 대해서 어떤 의미를 부여하고 있는지 좀 궁금하거든. 뭔가 결혼으로 이어지기 위한 것일 수도 있구요.

민청: 연애의 목적이라··· '연예의 목적이 뭘까?' 이런 고민을 안 해봤는데 지금 생각해보면··· 약간 정서적인 안정이 제일 큰 것 같아요.

전: 아, 정서적인 안정? 그건 구체적으로 어떤 의미를 갖는 것 같아요? 사실 정서적 안정이라면 굳이 연인이 아니어도 친구도 있을 수 있고 엄마도 있을 수도 있고 그렇잖아? 정서적인 안정을 줄 수 있는 사람은 연인 말고도 많은데 이성의 파트너가 줄 수 있는 안정이 좀 다른 부분이 있을까?

민청: 뭔가 친구는 친하긴 해도 이게 제 생활과 밀접하기는 어려워요. (밀접?) 네. 밀접할 수 없잖아요? 그 친구의 생활이 있고 내 생활에 있는 부분이

니까. 그리고 또 부탁하거나 아니면 도와주거나 하는 면에서도 남자친구한테 좀 더 쉽게 말할 수 있는 부분들이 있잖아요. 그리고 제가 도와줄 수 있는 부분이 있다는 것도 저는 좋거든요. 또 도움을 받는 것도 좋고 한데, 뭐 제가 주로 도움 받았던 예로는 대학생 때 학업과 관련해서 컴퓨터 같은 게 있어요. 남자가 좀 더 잘하니까. 그런 거를 좀 배웠어요. 지금 보면 도움 받았었던 것 같아요. 또 제가 도와줬던 거는 뭐 같이 그냥 공부를 해준다거나 그냥 같이 있는 거. 같이 있으면서 공부하는 게 좋았던 것 같아요. 혼자 하는 것도 좋은데, 뭔가 다 이렇게 말로 표현하긴 어려운데 심리적으로 의지가 되고 심리적으로 좀 안정이 된다는 느낌이 들었던 것 같아요. 근데 또 동시에 어떤 정서적인 에너지를 많이 써야 되는 관계잖아요. 그래서 어떤 면에서는 좀 무언가 잃는 것 같은 그런 느낌이 있을 때도 있었어요. 정서적인 갈등도 종종 있었던 것 같거든요. 근데 그럼에도 불구하고 아직은 남자친구가 있는 게 더 좋다? 좋을 수 있겠다는 생각을 하고 있어요. 그래서 연애 목적은 정서적인 지지와 안정? 이게 가장 중요한 것 같아요.

전: 그러니까 에너지를 소모함에도 불구하고 뭔가 같이 관계를 유지하고 있는 대상이 있는 게 낫다고 생각을 하는 거네. 그리고 공부를 같이 하면 컴퓨터나 이런 부분에서 같이 도와주고… 그럼 친한 동성 친구랑은 어떤 면에서 특별히 다른 점이 있을까요? 사실은 어떻게 그 부분만 보면 비슷한데?

민청: 그렇게까지 가까운 친구는 없었던 것 같고요. 그러니까 남자친구의 범위만큼 제 영역으로 들어올 수 있는 친구는 없었던 것 같아요. '남자인 친구'들은 많아요. 그렇게 제 일상과 밀착해서 매일 연락하고, 뭐 필요한 부분을 바로바로 말할 수 있고 그게 좋죠. 또 제가 그 사람의 스케줄에 맞춰서 행동할 수 있고, 그 사람도 제가 필요하면은 스케줄에 맞춰줄 수 있고 그런 거요. 이런 식의 좀 친밀한 관계를 유지할 수 있는 거는 남자친구뿐인 것 같아요. 그런 부분에서는 다른 친구들과의 관계보다는 좀 다른 것 같아요.

전: 그러니까 어떻게 보면 연인이 네 일상으로 들어온 거네, 그렇지?

민청: 네. 그러니까 내 영역에 들어온 사람이 연인인 거죠.

전: 그러니까 굉장히 가까운 친구랑은 다른 어떤 의미를 갖는 거네요.

민청: 친구는 일상의 어떤 특정 지점에서 함께할 수 있다면, 남자친구는 그 모든 친구는 아니겠지만 중간에 함께할 수 있는 존재라고 생각을 해요. 같이 있지 않아도 정서적으로 그렇게 함께 있는 것 같다는 생각이 들어요.

전: 그런 게 되게 큰 의미가 있네. 그게 연인 관계인가? 정서적으로 내가 그렇게 연결되어 있을 때와 그렇지 않을 때 좀 일상이 달라지나요?

민청: 아, 남자친구 없을 때도 있었는데요. 오랜 기간. 제가 하는 일에 더 약간 몰두하는 면이 있긴 해요. 남친이 없으면요. 그지만 뭐가 그 허전함? 공허함이 항상 있는데, 그게 남자친구 있을 때는 좀 덜 할 수 있는 거죠. 그냥 내 존재에 대한 공허감이 좀 있는 편인데, 남자친구가 있으면 그게 좀 생각이 안 나고 없어진다고 할까요? 하지만 남자친구와 같이 있을 때 겪는 갈등 자체는 또 그 나름의 스트레스가 있는 것 같아요.

전: 그럼 어떻게 해야 될까?

민청: 그래서 저는 연애를 좀 많이 보는 게 좋다고 생각을 했어요. 제가 혼자 저의 공허함을 다루는 것도, '아 이런 게 나의 공허함이구나'라는 것을 직면하고, 그거를 나 혼자서도 좀 어떻게 다룰 수 있는 방법을 잘 알아내는 것도 중요하고 그렇잖아요. 남자친구 없을 때는요. 근데 남친이 있을 때는 약간 갈등 상황에서 어떻게 이 사람과 내가 갈등을 풀어나가나? 또 약간 새로운 면을 보게 되더라고요. 남자친구와 싸울 때 갈등이 있을 때 뭔가 내가 어떻게 화를 내는 방식이라던가 그런 것들은 좀 어렸을 때는 되게 극단적이고 좀 부드럽지 못한 방향으로 갈등을 풀었다면… 그러다가 '갈등은 좀 이런 방향으로 푸는 게 더 좋구나'라는 거를 서서히 배워왔던 것 같아요. 그래서 연애의 그 후반부… 지금도 연애를 하고 있는데 어쨌든 아직 큰 갈등은 없었고 갈등이 있을 때는 어떻게 갈등을 해결해야 하는지 생각을 한 번 더 하게 되는 경험을 갖게 되는 것 같아요.

전: 지금 남친은 한국 사람?

민청: 아니요, 미국 사람이에요.

전: 영어에 도움도 많이 되겠네?

민청: 신경 써서 영어공부에도 도움이 되야 하는데, 그냥 제 말을 잘 알아들어요. 그러니까 신경 안 쓰고 계속 말하게 되는 거 같아요.

전: 그렇군요. 민청이가 생각했을 때는 연애가 보통 결혼으로 이어지잖아요. 이런 과정? 그런 것에 어떤 연속성이 있다고 생각해요? 아니면 뭐 연애랑 결혼은 되게 좀 별개일 수도 있다고 봐요?

민청: 저는 연속성이 있어야 된다고 생각을 해요. 그니까 별개라고 보는 부분들은 이제 뭐 연애할 때는 좀 더 본능적인 거에 관심이 많잖아요. 뭐 외모라든가 체격이라든가 이런 거에. 근데 뭔가 결혼이라고 하면 좀 현실이라고 생각하고요. 어쨌든 저는 연애랑 결혼이랑 같이 연결된다고 생각하는 게, 연애 때에 그 좋은 감정을 가지고 결혼을 해도 실패할 확률이 있을 것 같은데, 결혼만 보고 좀 어느 정도의 조건만 생각하면서 결혼하는 게 저는 행복하지는 않을 것 같아 가지구요. 잘 모르겠지만 제가 저를 봤을 때 정서적인 만족감을 못 준 사람하고는 결혼해서도 힘들 것 같은 생각이 들어서 연애를 하고 결혼하는 게 좋은 거 같아요. 그래서 연애와 결혼은 연장되는 거라고 생각해요.

전: 그 정서적인 거는 왜 그렇게 중요할까? 이런 얘기를 많이 하잖아. 그 정서적인 거.

민청: 아, 이 정서적인 거 저만 많이 말해요? 다른 사람들은 어때요?

전: 아니 그런 건 아니고. 다른 사람도 많이 얘기해주는 거 같아요.

민청: 아… 그렇군요.

전: 옛날에는 데릴사위 같은 거도 있었다잖아. 그치? 부모 윗세대들은 정말 그냥 딱 중매해서 결혼하고 이런 경우도 있었고. 근데 요즘에는 정서적인 거 많이 말하거든요. 뭐 때문에 이렇게 중요할까 궁금해지더라고. 인간이 그만큼 되게 나약한 존재인가? 뭐 그런 생각도 들고. 모든 인간이 되게 공허하

고 외롭고 그런 존재인가?

민청: 네. 그런 존재라고 생각을 해요.

전: 그래서 누군가 의지할 대상이 필요한 건가?

민청: 어, 그러니까 의지라는 단어가 좀 약간 좀 애매하긴 한데요… 그게 뭐 엄청난 의존이 아니라 서로 이렇게 상부상조하는 것 같은 거죠. 정서적인 문제는 인간 모두가 다 경험하는 그런 이슈가 있다고 생각을 하거든요. 그냥 다만 그거를 티를 안 낼 뿐이죠. 근데 약간 저한테는 제가 좀 행복하려면 그런 정서적인 안정감이 좀 중요한 거 같고. 어, 사람마다 기질이 다르긴 한 거 같아요. 정서적인 부분을 많이 필요로 하는 사람도 있고, 그냥 이성적인 생각에 좀 더 몰입하는 사람이 있고요. 제가 봤을 때 제 기질은 약간 정서적인 사람인 거예요. 그래서 음 그런 부분이 항상 중요할 것 같다? 앞으로의 인생에서도.

전: 음 그렇군. 그게 뭔가 네가 고향에서 온 것과 정서적인 부분이 연결되는 지점이 있나?

민청: 있을 수 있다는 생각을 해요.

전: 어떤 부분에서?

민청: 북한이라는 배경이 있다는 거는… 글쎄요? 북한이라는 배경이 있는 거라… 그냥 저를 봤을 때는 음… 뭐 가정환경이 중요하잖아요. 어렸을 때는 가정환경이 중요한데, 저를 봤을 때는 어쨌든 이혼한 가정이었고요. 개인적으로는요.

전: 북한에서 부모님이 이혼하셨다고 했었던가?

민청: 네. 이혼한 가정이었구요. 한참 열 살? 아홉 살? 이 나이 때 부모님의 어떤 정서적인 지지도 많이 필요한 발달 시기인데, 그때 저는 마음이 척박한 환경이죠. 정서적인 지원 이런 거는 생각할 수도 없는 그런 환경이잖아요. 북한이란 사회가 그런 걸 잘 다루지도 못하고. 그런 시기를 겪었고 또 와서는 이제 전 이제 홀어머니랑 사니까요. 어머니가 생계도 하시면

서 자녀를 케어해야 한다는 그런 압박감도 있으셨을 거구요. 열악한 환경이었다고 생각을 해요. 뭔가 경제적인 건 아니어도 정서적으로. 아빠에 대한 어떤 원망이 아니라 그냥 좀 더 정서적인 지지를 많이 받았으면 어떨까. 그런 환경에서 자랐다면 내가 지금처럼 그렇게까지 일에 집중하지는 않았을 것 같다는 생각이 들기도 해요. 어쨌든 간에 북한에서 뭐 정서적인 건 잘 다루어지지 않았다고 봐야죠. 문화적으로 표현하는 것도 이상한 사회였구요. 그런 상황에서 있었던 배경과 부모님과의 이혼, 한국에서의 적응 생활까지… 뭐랄까 좀 정서적인 결핍이 항상 있을 수밖에 없는 상황이었다고 생각해요. 저한테는. 그래도 그 자체를 그냥 받아들이고. '아, 내가 이런 상황에서 자라왔으니까 이런 사람일 수밖에 없구나' 그러면 내가 필요한 부분을 스스로 채워주면 되지. 너무 과도하지 않게. 이 정도로 생각을 하고 접근을 하는 거 같아요.

전: 근데 그 얘기를 듣다 보면 어떤 면에서 굉장히 성숙한 것 같다? 이런 생각도 드는데?

민청: 심리학을 공부해서 그냥 심리학적인 얘기를 하는 거 같아요.

전: 그런가? 아니 긍정적인 얘기로 들려요.

민청: 이게 나 자신에 대한 관심이고 그런 것 같아요. 그게 나에 대한… 약간 철학적까지는 아니겠지만 어쨌든 나에 대한 생각을 많이 하게 되요. 내가 지금 왜 이런 사람이 됐는지를 좀 생각해보고. 그거를 어쨌든 저는 심리학을 공부하다 보니까 발달 시기를 배우면서요. '아, 내 발달 시기는 어땠나, 또 어떤 정신병리적인 측면에서는 어떤가' 이런 환경적인 요인도 되게 중요하게 보잖아요. 유전도 중요하지만요. 그래서 이런 환경적인 부분에 나를 대입해보고 어땠는지도 좀 살펴보고 그래요. 근데 좀 객관적으로 봤을 때도 북한이란 사회가 열악했고, 그럴 수밖에 없으니까 내가 이런 사람이 되었구나. 지금의 나. 그런 측면들을 좀 하나씩 곱씹어 보니까 이런 생각까지 하게 되는 것 같아요.

전: 그러니까 어떻게 보면 되게 생각을 많이 했고 지식이 도움이 된 부분도 있네. 그치?

민청: 그런 것 같아요.

전: 어떻게 보면 네가 성찰하고 그런 과정 때문에 좀 다른 결론이 날 수 있을까?

민청: 네. 그런 과정이 없었다면 좀 더 감정적으로 생각했을 것 같은 생각이 들어요.

전: 그럴 수도 있겠다. 조금 더 내가 배우면서 나를 객관적으로 볼 수 있는 기회들을 얻을 수도, 얻었다고 볼 수 있을 것 같아요. 응. 뭐 결혼, 성, 연애 다 연결돼 있는 거지만. 그럼 '성(性)'에 관해 얘기해볼까. 성이라는 단어를 떠올리면 무슨 생각이 떠올라요? 그러니까 어렸을 때지만 북한에서 뭔가 '성'이란 단어를 생각해 본 적이 있는지, 성교육 같은 건 북한에서 있었는지도 궁금해요.

민청: '성'이란 단어라기보다는 성 그냥 뭐 행위나 그 자체에 대해서 생각해 본 적이 있는데. 그러니까 생각이라기보다는 그냥 노출, 노출이 되는 거죠. 그게 뭐 친구 집에 갔을 때였어요. 걔가 한국 드라마를 봤는데 '그거 되게 야한 드라마다' 그러는 거예요. 그런 거 같이 봤을 때 그냥 그 상황에 따라 노출되는 거고. 이런 거구나 이렇게 생각이 들었던 적이 있었죠. 그리고 '성'이라는 거에 관해 엄청 무지했던 것 같아요. 북한 사회가 지금도 계속해서 뭔가 무지하다고 생각할 수밖에 없구요.

전: 지금도 그렇겠지?

민청: 지금도 그렇겠죠. 성에 대해서 적절하게 교육이 잘 이뤄지지 않고. 심지어 어른들조차도 성교육을 받아본 적이 없고 하다 보니까. 애들한테 뭘 노출해야 되고 뭘 알려주지 말아야 되는지 자체를 모르는 거죠. 그리고 간혹 가다가 친구들 얘기를 들어보면 이제, 뭐 방이 분리되지 않았잖아요? 엄마 아빠랑. 그러면서 엄마 아빠 관계하는 소리가 들리는 거예요. 그런 것도 이제 그냥 의도치 않은 노출인 거예요. 아무런 생각이 없는 거죠.

전: 그렇네. 거의 무방비 상태이군요.

민청: 네. 무방비인 거죠. 근데 그런 게 정말 허다하거든요. 뭐 개인적으로는 집에 있다가 친한 오빠들이 이렇게 놀러 온 적이 있었는데, 그 오빠들이 제

가 어렸음에도 불구하고… 그 사람들이 한 스무 살 초반이라던가 아니면 열여덟 살 열아홉 살 이렇게 됐으니까… 혈기 왕성한 거예요. 제게 스킨십을 하고 그랬거든요. 저는 그때 되게 기분 나빴지만 이게 뭔지 모르는데 그냥 이렇게 뭐 만진다던가 이런 것들이 뒤돌아보니 있었던 거예요. 그때 저는 '아, 이게 뭐지?' 이런 생각 했지만, 어디에도 말할 수 없었거든요. 그때 저는 11살, 12살 그쯤이었어요.

전: 아, 뭘 어떻게 할지 몰랐네? 뭔가 엄마한테 말하지도 못했고…

민청: 네. 물론 그 사람들한테 '싫어, 하지 마' 이렇게 얘기했긴 한데요. 그거를 그 사람들은 정확하게 받아들이지 않는 거예요. 그냥 관심 없는 거죠. 물론 심각하게 어떤 일이 벌어졌거나 그런 정도는 아니었지만. 어쨌든 지금 보면 성추행이거든요. 이런 것들이 많은 거예요. 교육받지 못해서 그런 거죠. 흔한 거예요. 그러니까 어린 나이부터 그런 거에 무방비로 노출되는 상황이 많다고 봐요.

전: 지금도 크게 다르지는 않을까?

민청: 네. 아마 비슷할 거예요. 다를 게 없겠죠.

전: 그럼 여기 한국에 와서는 어땠어요? 성에 대해서 매스컴도 많고, 유튜브 등 인터넷도 많고 그렇잖아요.

민청: (인터넷을 통해 성과 관련한 정보를) 접했을 때…

전: 뭔가 되게 좀 뭐 긍정적인 의미도 있을 수 있을 것 같고, 어떤 면에서는 굉장히 부정적인 것들도 있을 것 같고. 뭔가 교육이 되지 않은 상태에서 거의 전면 노출된 거니까 어떻게 보면.

민청: 뭐 이미 교육적인 단계를 차근차근 밟아서 성에 대해서 알아가는 건 이미 글렀구요. 한국에 와서 저는 중고등학교를 다녔으니까. 그런데 이제 성교육이라는 그 장면엔 노출돼 있었던 거죠. 그런 건 그냥 자연스러웠어요. 그냥 뭐 그런가 보다. '아, 내가 옛날에 뭐 티브이에서 잠깐 봤던 거 그런 거를 이렇게 교육적으로 얘기하는구나.' 이 정도였죠. 아 뭐 크게 다르거나 신선한 충격이나 이런 건 없었던 것 같아요.

전: 그냥 자연스럽게 적응을 했네, 그치?

민청: 그렇죠. 저한테 직접적인 것들은 없잖아요. 뭐 아는 사람이 저를 추행한 다거나 이런 일은 없고요. 그냥 뭐 야한 영화나 아니면 학교에서 보는 그런 성교육 비디오나 그런 것들에 노출될 때는 '아 이런 거구나', '성이란 게 그런 거구나' 그렇게 생각됐죠.

전: 학교 성교육에서 뭐 배웠던 건 있어요?

민청: 없죠. (남한에서는)남녀관계에서 뭐 애가 생기고 뭐 피임하는 방법 이런 것들 알려주잖아요. 그런 것들은 '아, 피임도 하는구나.' 이거를 제가 어렸을 때는 북한에서 피임한다는 게 방법이 몇 개 없으니까 그냥 여자들 뭐 루프 끼우는 게 가장 흔한 피임 방법이거든요.

전: 콘돔이 없다더라, 북한에는? 맞나요?

민청: 네. 그런 걸 못 들어봤어요. 여기서는 '아, 콘돔이 있구나.' 그런 거를 들어보고 '피임 방법이 이런 게 있구나'라는 것도 알았던 것 같아요. 뭐 그 외에는 특별히 '엄청 새롭다, 뭐 충격이다' 이런 건 없었던 거 같아요.

전: 그렇군요. 성이 무엇이냐고 할 때 인간의 본능이라고도 하잖아요.

민청: 음... 본능이죠. 본능이죠. 삼대 본능이라고 생각을 하거든요. 저는 항상. 식욕이랑 수면이랑 성욕. 그만큼 성욕이 되게 큰 인간의 욕구 중의 하나인데, 그게 약간 항상 사회적으로 좀 억압된다고 할까요? 억압되는 쪽으로 취급을 당하는 욕구인 거예요. 그러다 보니까 뭔가 성이라고 생각하면은 그게 억압됐을 때 나타나는 문제가 크다는 이미지가 있고요. 개인적으로는 성적 만족감이 내 인생이 주는 즐거움이 크지 않다는 생각이 드는 거예요. 그니까 부부관계에서도 모든 부부관계의 그 속사정은 그런 게 잘 맞아야 된다고 하잖아요. 그런데 저는 남자친구 있어 봤고 성 경험 있어 봤지만, 그런 거를 경험해 봐도 '아, 그게 크게 나한테 그렇게 중요하지 않겠다.' 그런 생각을 했던 거예요. 뭔가 내가 너무 좋은 사람이고 정서적으로 교류가 좋았던 사람이 있어요. 근데 그 사람을 만났을 때 성적 경험은 그렇게 좋지 않은 거예요. 만족감이 그렇게 크지 않고. 음 뭐

어떤 비디오를 봤을 때 그 만족감은 전혀 저는 공감할 수 없는 거예요. 그래서 그거에 대한 고민도 좀 했던 것 같아요. 그렇지만 요즘에는 유튜브에서 그런 교육도 많이 있고 여자들이 대부분 그런 걸 경험하지 못한다는 얘기를 듣고 뭐 성적 욕구가 있지만, 욕구가 있는 거랑 내가 그 안에서 실제 만족하는 거랑은 또 다르니까… 내가 이 욕구를 완벽하게 누군가와 충족하기는 어렵겠다고 생각했어요. 사실 그러려면 할 수도 있겠죠. 뭐 덩치 크고 좋은 남자 만나 가지고 그런 경험을 찾아다닐 수도 있겠죠. 근데 저한테는 그런 가치관이 별로 중요하지 않은 거죠. 그냥 가끔 올라오는 성욕은 내가 있는 배우자랑 해결하면 될 것 같고 그냥 이 정도인 것 같아요.

전: 음... 그렇군요. 기독교라고 했는데… 뭔가 성과 민청이 가진 종교관의 사이에서 충돌되는 부분들이 있을까요?

민청: 있죠. 종교관이 충돌하는 게 있긴 하죠. 기독교를 오래 믿었기 때문에. 나는 어떻게 생각을 해야 되나. 주변의 친구나 어떤 대학교 생활에서 만나는 사람들은 대부분 비기독교인이잖아요. 그런 것도 영향이 있었고, 어떤 유튜브나 인터넷에서 저한테 '성은 괜찮은 거야. 성은 누구나 경험할 수 있는 거고 그거 자체를 기피하는 거는 오히려 나중에 더 큰 문제가 있을 수 있어'라는 식의 교육, 어떤 생각들이 저한테 더 많이 들어왔던 것 같아요. 그래서 제가 하나님을 믿지만 뭔가 그거에 대해서 심리적인 큰 갈등이 없는 거예요. 예를 들어서 뭐 나는 남자친구 있는데 남자친구가 이런 성관계를 원한다. 근데 내가 그렇게 거부감이 안 들어. 근데 하나님 믿는 사람들은 혼전 순결을 강조하는 사람들도 있는 것 같거든요. 내가 나중에 결혼을 했는데 그런 성적인 부분에서 너무 갈등이 크고. 그럼 나는 어떡하지? 그럼 이 사람이랑 헤어져야 되나? 그 남편이랑 헤어져야 되나? 그런 건 너무 싫은데? 뭐 여러 가지 생각을 해보죠. 그러니까 어떤 정서적인 거랑 마찬가지로 내가 경험이 있는 게 더 중요하지 않을까? 그런 생각이 되게 컸던 것 같아요. 그래서 남자친구 있는 관계에서는 뭐 성적 경험에 대해서 그렇게 크게 거부반응이 없었던 거 같고. 근데 최근에 생각이 바뀌어 가지고요. 지금은 뭐 여러 명의 남자친구가 있어 봤기 때문에

성적 경험이라는 게 이런 거구나. 내가 엄청나게 막 덩치가 좋고 정말 나를 만족시켜줄 수 있는 사람과 만나지 않는 한 그냥 그런 거구나. 성 경험이라는 것 자체가 큰 만족감이 사실 나한테는 없다는 결론을 지은 거죠. 내가 이렇게 이런 욕구가 있는 게 나쁜 건 아니라는 좀 비기독교적인 어떤 성적 그런 상식들이 항상 제 머리에 있었거든요. 저는 그거에 대해서 별로 부끄럽게 생각하지 않았어요. 그랬는데 지금 남자친구를 사귀고 있지만, 성관계는 안 할 것 같다는 생각이 들어요. 그렇게 생각했던 이유는 되게 종교적인 관점에서 뭔가 내가 하나님이 계속 필요하거든요. 저는 하나님한테 기도해야 되고 그런 도움이 항상 필요한 존재라고 이제 생각을 하게 됐거든요. 이제 그렇게 하는 생각과 내 행동이 좀 상충되면 그건 제가 또 어떻게 감당할 바가 없잖아요. 그래서 그냥… '성경에서 하는 말씀대로 하는 게 내가 하나님한테 뭔가 요구하고 부탁하는 어떤 작은 존재로서 지킬 수 있는 게 아닌가'라는 생각이 드는 거예요. 그래서 뭔가 두렵긴 해요. 뭔가 결혼을 했는데 그 사람이 전혀 성 경험이 저랑 없으니까, 결혼 전에. 이 사람이 어떤 사람인지 모르고 또 실제로 기독교 말을 믿는 어떤 사람들이 결혼했다가 그런 성 경험이 전혀 없는 상태에서 결혼했는데 남편이 굉장한 성적 판타지가 있어 가지고 결혼을 깨고 이혼하고 이런 경우도 많으니까. 약간 그런 거에 두려움이 좀 있어 가지고 좀 아직 두렵긴 한데 그런 것조차도 어쨌든 종교적인 관점에서 좀 해결을 할 수 있다고 생각을 하고 있구요.

전: 되게 생각이 많다.

민청: 근데 요즘 다 이렇게 생각하지 않아요?

전: 다 그러진 않는 것 같아요. 내 관점에서는 네 생각이 심플하진 않은 것 같아 보여요. 그러니까 나름대로 되게 해석을 많이 하는 것 같다는 생각이 들기도 하구요.

민청: 그죠, 제 안에서 생각이 프로세스가 막 돌아가죠?

전: 해석하고 평가하고… 어 그래서 뭐 내가 이 행동을 해야 될지 안 해야 될지 뭔가 계속 평가 과정을 거치면서 가는 것 같아서. 뭔가 우리는 우리 개인이

아니라 우리 사회가 가진 어떤 성적인 고정관념이나 편견이 있잖아. 사실 기독교에서는 혼전 성관계에 대해서 금기시해왔고 오랫동안. 그렇지만 통계 결과를 보면 많은 대학생의 기독교 학생들은 혼전 성관계 거의 70-80% 이상이다, 그런 통계도 있고. 그 아이들 역시 지금 민청이가 얘기하는 것과 같은 비슷한 생각을 하는 것 같고. 사실은 민청이 한 사람만 그런 게 아니고 굉장히 이 세대가 가지고 있는 어떤 하나의 사회적인 현상일 수도 있겠다는 생각도 들고요. 그런 거를 뭐 개인적으로 어떻게 해석을 해야 되나도 고민되고, 또 사회적으로 어떻게 해석을 해야 되나, 또 기독교적인 입장에서 어떻게 해석을 해야 되나? 그런 생각도 들어요. 나도 기독교의 입장이니까 되게 여러 가지 생각을 하게 되는 거 같아요. 그래서 되게 어려운 문제 맞고. 뭐 북한이 성에 대해서 얘기를 안 한다고 그러지만 사실은 우리나라도 굉장히 성에 대해서 오랫동안 금기시돼왔고 그간 많은 변화들이 있었지만, 여전히 여성 같은 경우는 솔직히 자신의 성 경험에 대해 보고하지 못하는 것들이 계속 증명이 되는 거야. 뭐 예를 들어서 다큐에서 언제 본 건데 병원 실험이 있더라구요. A그룹과 B그룹 남성과 여성조로 나눠서 똑같이 영상을 보여주는 거야. 한번은 다큐멘터리 같은 걸 보여주고 또 한번은 야한 동영상을 보여준 거야. 이비인후과에서 실험을 했을 때 똑같이 야한 동영상을 보여주고 여성과 남성의 신체 변화는 분명히 어떤 성적인 변화가 있었는데. 여성들은 면담을 마치고 나와서 '아, 뭐 야하지 않는데요. 뭐 다큐멘터리가 더 좋은데요.' 이런 보고들이 많았다는 보고를 봤거든요. 근데 사실은 신체적으로 여성 역시 남성들과 다르지 않게 신체적인 흥분의 상태를 경험했다는 거죠. 그러니까 이 실험에서 인간은 남자가 성욕이 강하다? 그런 게 아니라는 거지. 여성 역시 성적인 욕구를 갖고 있으며 언어적으로 보고하는 것과 달리 신체적인 반응을 한다는 사실을 밝힌 거야.

민청: 자연스럽잖아요. 표현하는 게. '흥분되는 장면이에요'라고 얘기할 수 있지만, 여자는 못하는 경우가 많은 거 같아요.

전: 그러니까 그게 왜 그럴까? 그동안 여성에게는 굉장히 성은 뭔가 몰라야 되고, 숨겨야 되는 금기시되는 단어로 자리 잡아 온 듯하네.

민청: 그런 거 되게 싫은 거죠.

전: 특히 북한에서 왔거나 뭐 외국에서 왔거나 뭔가 자기 정체성의 어떤 변화 과정을 겪은 사람들은 사실 다른 두 개의 세계를 경험했고, 거기에서 성에 관한 어떤 정체성이나 그런 것은 또 어떻게 다뤄야 되는지 되게 좀 궁금한 것 같아요. 언젠가 탈북자 중년여성들을 만난 적이 있거든. 다른 연구에서 인터뷰하다가 나한테 얘기해 준 건데, 정말 북한에서 남녀관계(성관계)는 굉장히 좀 기계적이었다고 보고하더라구요. 그니까 결혼하고 아이를 출산하기 위한 의무적인 거지. '기계적인'이라는 표현이. 그러면서 여기 와서 한국출신 남성들과 다른 성적 경험들을 말씀하시는데. 결론적으로는 북한 출신 남자를 만나고 싶지 않다고 하시더라구요.

민청: 나이가 어떻게 돼요?

전: 그분이 61세.

민청: 61세인데?

전: 그래서 여기서 남한 사람을 만나보고 색다른 경험을 한 거야. 그분이 좀 친해지면서 나한테 그런 얘기를 해주신 건데. 자기는 정말 경험해 보지 못하고 상상해 보지 못한 무얼 경험한 것처럼 말씀하시더라구. 그러니까 성관계가 자녀 출산의 목적으로만 생각을 했었는데 그와 다르다는 거지. 뭔가 여성이 배려 받거나 그런 걸 생각조차 못 하고 그냥 그렇게 아이를 낳고 살았다는 거야. 근데 나한테 그러는 거야. 여기서는 정말 남자들이 친절하다는 거야. 그러니까 자신을 배려해주고 따뜻하게 대해주고 좀 그런 걸 경험한 것 같아요. 근데 이분이 예전 남친 헤어졌거든. 다시 남자친구 만나고 싶은데 이미 너무 나이가 많다는 거야. 그거 때문에 되게 힘들어하는 거야. 그러니까 성관계에 대해 몰랐던 걸 알게 되면서 또 다른 욕구가 생기는 것 같기도 하고 그러신다고 하시더라구.

민청: 61세의 분이요? 언제까지 여성이 성욕이 있는지가 궁금한데, 잘 몰라 가지구요.

전: 중년이든 노인이든 개인차는 있겠지만 마찬가지 아닐까?

민청: 하긴…

전: 성은 진짜 인간이 가진 욕구인데, 개인에 따라 다르겠지? 어쨌든, 결혼이라
는 주제로 돌아가서. 민청 씨는 결혼제도로 들어갈 생각이 있을까요? 결혼
할 생각은 있을까요?

민청: 남자친구랑요?

전: 뭐 그건 모르겠지만. 결혼 자체에 관해서.

민청: 고민하고 있어요. 뭐 만난 지 얼마 안 돼 가지구요. (하나님을) 잘 믿는 사
람이랑 만나고 싶어요. 저는 성적인 관계에 대해서 남친에게 얘기를 해
요. 난 이미 성적인 관계가 있었다구요. 그 사람은 없었기 때문에요.

전: 되게 솔직하게 얘기하네?

민청: 나는 몇 번 (성관계가 있었는지를) 다 얘기를 해요. 그 사람은 그거에 대
해서 좀 충격이 있었구요. 좀 꺼리는 느낌? 기분이 나쁜 거예요. 그래서
제가 '내가 성적 경험 있었다는데 네가 왜 기분 나쁘냐'고 그랬어요. '동
일' 이렇게 선을 그었는데, 뭐 그래도 저 좋으면 만나는 거죠. 근데 그렇
지만 그거에 대해서 제가 항상 미안해요. '동일' 그러죠. 너도 너처럼 성
적 경험이 없는 여자랑 만나는 게 서로 정신건강에 좋지 않겠냐. 근데 그
거를 그 사람이랑 극복할 수 있다는 생각을 한 거죠. 그 사람도 되게 하나
님을 잘 믿는 사람이고. 남자·여자 관계는 결혼식장까지 가봐야 알겠지
만, 어쨌든 간에 그런 결혼 얘기도 조금씩은 하고 있구요. 음 만난 지 얼
마 안 됐어요. 근데 안 지는 한 두 달 넘었는데, 사귄 지는 일주일 좀 넘은
것 같아요.

전: 아, 진짜? 민청아, 난 되게 오래된 줄 알았어. 최소한 한 오륙 개월 되지 않
았을까 했는데. 일주일 안 됐는데 이런 얘기를 하는구나.

민청: 성적 관련해서는, 얘기했죠.

전: 어. 결혼하면 어떤 부부관계로 살아가고 싶어? 그러니까 뭐 가사 분담이나
가정의 분위기라든지. 결혼생활에서 추구하는 이미지 같은 거 있을까요?

민청: 저는 글쎄요 가사 분담? 남자는 일을 하셔야 되잖아요. 저도 일을 할 건데 아직… 잘 모르겠어요. 가사 분담은 같이 하는 거로 생각하고 있거든요. 생각을 하고 있거든요. 제가 요리를 하면은 항상 그 사람은 설거지를 해야 돼요. 그리고 제가 청소기를 돌리면 그 사람은 다른 자리를 치우고요. 집 외관을 청소한다든지. 어쨌든 혼자 다 한다 이런 생각은 전혀 없는 것 같아요. 같이 한다는 쪽이에요.

전: 그 생각은 언제부터 했어?

민청: 그 생각은 대학교 때 교양 수업도 듣잖아요. 〈결혼과 가족의 이해〉라든가 이런 수업도 듣고 또 저는 가정에 대한 생각을 하고 그와 관련된 좀 더 진보적인 사람들의 어떤 인터뷰나 이런 것들을 많이 본 것 같아요. 그래서 '남자가 집안일을 돕는다'라는 개념은 맞지 않는다고 생각해요. '같이 한다'가 맞는 거지 돕는다는 건 내가 주인이고 그 사람이 그냥 약간 서포트하는 거잖아요. 같이 사는 집안이니까. 너도 돈도 벌고 나도 돈 벌면 집안일을 같이 하는 게 맞지 않겠나. 그런 생각이 있어요. 대학교 때 가치관을 형성해왔던 것 같아요. 그게 안 맞으면 잘 안 만날 것 같아요.

전: 평등한 사고에 대해 중요하게 생각하네. 그럼 자녀 출산에 대해서는 고민을 하고 있을까? 아니면 '결혼하면 당연히 아이를 낳아야지'라고 생각하고 있어요?

민청: '결혼하면 자녀를 낳아야지'라고 생각을 하고 있는데. 여자가 사실 뻔하죠. 결혼하기 전에 엄청나게 공부를 잘하고 일자리 잡았지만, 이삼 년 뒤 애가 생기면 그만둬야 되고. 애가 클 때까지 몇 년일지 모르겠지만 어쨌든 한 일 년은 그래도 애를 좀 돌봐야 되고 이런 상황이 있잖아요. 저한테도 똑같이 적용될 것 같긴 한데요. 뭐 그렇다 하더라도 자녀는 낳고 싶어요. 뭐 일이 중단되더라도. 그렇기 때문에 약간 전문직에 대한 생각이 더 있었던 것 같아요. 예전부터 심리학을 공부하는 것도 있고. 일반 회사 들어가면은 짤리고 그러잖아요. 그런데 제가 자격증이 있는 전문직 같은 경우에는 애를 보육원 같은 데 맡겨야 제가 일을 할 수 있으니까요.

전: 근데 (자녀를)안 낳는 건 고려를 안 해봤어?

민청: 안 낳는 건 생각을 안 해봤어요.

전: 아, 왜 그랬지?

민청: 어, 저를 닮은 사람을 보고 싶어요. 엄마가 되는 거에 대한 생각이 좀 있어요. 뭐 엄청난 거라기보다는 그냥 사람 하나를 키우는 재미가 쏠쏠할 것 같다는 생각이 들어요. 언제 엄마가 말도 안 되는 소리라고 하시더라구요. 얼마나 힘든지 네가 해 봐야 된다고. 너 같이 똑같은 애 하나 낳아서 키워봐야 된다고. (웃음)

전: 어떻게 이런 긍정적인 생각을 할 수가 있어요?

민청: 저도 약간 놀랐던 게, 제 친구들은 거의 다 '애 안 낳지' 이런 생각인 거에요. 특별히 물어보지도 않았는데 다 저랑 똑같은 생각을 하고 있을 줄 알았어요. 근데 그게 아니더라고요. 제일 친한 친구도 그러구요. 요즘은 다 자기중심적이잖아요. 내 시간이 중요하고 내 여가가 중요하니까. 근데 그거보다는 저는 뭐 그런 게 희생이라고 하면 희생할 수도 있을 것 같고, 교회 다니다 보면 선생님들이나 뭐 40-50대 있는 분들이 생각하는 결혼에 대한 생각이라던가, 양육에 관한 생각이라던가 이런 것들을 좀 듣고 그래요. 그렇다 보니 교회 다니시는 분들은 헌신적이더라구요. 그런 가정 안에서 또 즐거움을 찾는 분들을 몇 케이스 봤구요. 그러다 보니까 좀 긍정적인 생각이 들었던 것 같아요.

전: 그런데 좀 두렵진 않아? 내가 인제 뭐 임상심리사로 병원에 취업하거나 그런 것도 해야 되는지. 또 아이 키우려면 돈도 많이 벌어야 되고, 내가 잘할 수 있을지. 자녀를 어떤 양육 철학? 철학까지는 아니더라도 어떻게 애를 키워야 되는지, 언제 영어를 가르쳐야 하는지 그런 되게 수많은 것들이 과업으로 다가오지는 않아요?

민청: 아직은 그렇지는 않아요. 뭔가 내가 직업을 가졌을 때 애가 생기면은 그거에 대한 건 있겠죠. 갑자기 그만둬야 될 수도 있고. 이런 거에 대한 부담은 있지만, 그 외 자녀를 양육하는 거는 사실 너무 많은 사람들이 자녀를 양육하고 해왔잖아요. 저도 할 수 있겠죠. 약간 이런 생각인 것 같아

요. 뭐 어떤 지원을 제가 충분하게 못 해주는 거에 대한 좌절이 있겠죠. 그런데 충분히 못 해줘도 저처럼 잘 될 수 있다고 생각을 하기 때문에. 정서적 지원 정도는 저도 해줄 수 있을 것 같고 그 외에 어떤 금전적인 부분이 좀 모자랄 수는 있겠지만… 그런 거에 대한 거부는 없는 것 같아요.

전: 그러니까 모든 것이 충분하지 않을지라도 민청이처럼 알아서 잘 클 수 있겠다는 생각이 있는 거네.

민청: 예. 그런 생각인 거에요.

전: 굉장히 자신감 있는 생각이다.

민청: 너무 자만심이라고 생각할 수도 있는데? (웃음)

전: 굉장히 긍정적인 생각이잖아. 그러니까 이 생각이 어디서 나왔을까? 이게 궁금한 거야. 왜냐하면, 정말 네가 얘기한 대로 되게 많은 애들이 낳지 않잖아.

민청: 아직 경험하지 않아서 그럴 수도 있어요. 선 뭔가 뭐랄까. 무식하면 대담하다고 하나? 그런 느낌 있잖아요.

전: 일단 가보자?

민청: 일단 가보자. 그런 생각이 드는 것 같아요. 애를 되게 잘 원래 좋아하거든요. 애를 엄청 좋아해요. 교회 아기들도 많이 보고. 그런 애들이랑 상호작용하는 게 되게 재미있고, 그렇다 보니까 그런 자신감이 좀 있는 것 같아요. 네. 그렇지만 미혼모가 되고 싶지는 않아요. 그러니까 혼자 자녀를 키울 수는 있는데, 뭐 이혼 가정이 꼭 나쁘진 않지만, 이혼 가정이 되고 싶지는 않고 편모로 키우고 싶지는 않아요.

전: 둘이 키우고 싶다는 거네. 그런 자신감은 어디서 나올까?

민청: 인생이, 내 인생인데 제가 자신감이 없으면 누가 이 일을 대신해줄까요? 이런 생각이 드니까 모든 거에 대해서 '그래도 할 수 있겠지'라고 긍정적으로 생각하고 시작하는 편인 거 같아요.

전: 뭔가 내가 가진 인생의 어떤 철학 같은 거 있어요? 철학이라기엔 거창하지만 내가 살면서 뭐 '이거는 꼭 지켜야 된다'라든지. 예를 들면 어떤 사람은 약속을 지키고 성실하게 지켜야 되고. 또 어떤 사람은 내가 맡은 일은 제대로 정직하게 하자 뭐 그런 것들 있잖아요. 민청이가 중요하게 생각하는 거 있어요?

민청: 제가 중요하게 생각하는 거요? 음 약간 요즘에는 결혼 생각도 하고 자녀 생각도 하다 보니까, 옛날부터 엄마를 보면서 생각했던 거긴 하거든요. 사람이라는 게 직업이 없고 내가 하는 일이 없으면 되게 정서적으로 힘들 것 같아요. 되게 민감해질 것 같고 남편이 뭔가 조금이라도 좀 경제적인 걸 책임지겠지만. 그래도 내가 돈을 벌지 않으면 약간 위축될 것 같고 그래요. 그런 것들을 항상 옛날부터 생각을 해왔던 거예요. 아 그러면 '나는 항상 일을 할 사람이었구나' 이런 생각? 그게 작은 일이든 간에 큰일이든 간에 상관 없구요. 매일 정기적인 일을 하는 사람으로 평생 살아야겠다. 이런 생각이 좀 드는 것 같아요.

전: 네게 일한다는 건 어떤 의미야?

민청: 약간 나를 지키기 위한 것?

전: 어떻게 보면 나를 보호해주는 수단이기도 하네?

민청: 네. 정신적으로 신체적으로도 약간 보호해주는 수단인 것 같아요.

전: 굉장히 어떤 큰 의미가 있다, 그렇지?

민청: 그렇죠. 저한테는요.

전: 그렇지. 전문직 여성으로 뭔가 더 좀 파워풀하게 살아갈 수 있는 위치를 만들고 있는 걸까?

민청: 네. 그러고 싶어요.

전: 일을 안 하는 네 모습은 상상하기 어려울까?

민청: 아니요. 일 안 할 수도 있어요. 그거 자체를 제가 일 안 하는 여자는 안돼

이렇게 강요하지는 않아요. 그렇지만 안 할 수도 있는데 기왕이면 일하는 게 좀 더 좋겠다, 그런 거죠. 그래야 제가 제 자존감을 잃지 않고 당당한 아내로 엄마로서 살아갈 수 있을 것 같아요. 혼자만의 생각도 많고 되게 공허함을 느끼는 편이다 보니까 그런 것들을 채우는 게 뭐 남편이나 어떤 자식을 바라보면서 채우는 것은 한계가 있잖아요. 그래서 약간 그냥 저를 위해서 하는 게 제일 좋다고 생각하는 것 같아요.

전: 그 공허함은 뭐 어떤 걸까요? 뭐 짧게 설명하기 어렵겠지만 그 감정 상태가 어디서 기인이 되는 것 같아요?

민청: 공허함?

전: 뭐 인간은 다 외롭지.

민청: 그렇죠. 불안함인 것 같아요. 뭔가 공허함이라는 것도 너무 큰 범위라고 얘기한 것 같긴 한데요. 지금 그런 불안함을 많이 겪을 나이이기도 하잖아요, 20대. 그런데 불안감이라는 게 사람들이 겪을 수 있는 건데 뭔가 특히 취직을 준비하거나 어떤 직업적인 성취가 코앞에 있는 사람들은 더 불안한 것 같아요. 미래가 잘 될까? 잘 풀릴까? 이런 거에 대해서 계속 불안함이 있는 거죠. 민청이라는 사람이 세상에 있는 목적이 뭐야? 왜 살아야 되나 이렇게 고민을 하면서 음 그런 생각을 해보면 약간 공허하잖아요. 삶의 목적이 별로 없는 것 같고. 그렇지만 약간 이렇게 생각하면 또 우울해지고 불안해지고 하니까요. 그냥 저 나름대로 그러한 불안과 우울함이 섞여 있는 그 공허함을 약간 저만의 어떤 철학으로 항상 떨쳐버리려고 하는 것 같아요.

전: 근데 어떻게 보면 네 근간을 이루고 있는 거는 기독교적인 세계관이니까. 사실 성경에 쓰여 있는 목적은 너무 분명하고 네가 세상에 나온 이유는 분명할 건데. 그분을 사명에 따라서 살아가다 보면 어찌 보면 되게 심플할 수도 있는데 어렵네. 우리 모두는 인간적인 한계를 늘 경험할 수 밖에 없는게 아닐까 싶기도 하네.

민청: 네, 그러니까 그게 맨날 부딪히고 그러죠. 그 믿음을 저는 잘 모르겠거든

요. 아직 어떤 기초를 쌓는 단계라고 생각하고 있어요. 믿음의 벽이 없어요. 저를 지킬 수 있는 믿음의 벽이 단단하지 않다고 생각을 하거든요. 그런데 그거를 갈망하긴 하거든요. 근데 뭐 갈망하는 거 자체가 일단 중요한 것 같아서. 그거에 대해서 긍정적으로 생각하고 있긴 해요. 어쨌든 뭐 잘 믿는 사람도 모든 인생사에서 되게 부딪치고 힘들어하고 괴로워하고 그런 경우가 허다하잖아요. 그거 그냥 그 사람이 문제가 아니라 그냥 인간 자체가 그런 존재라고 생각을 해요.

뭔가 너무 거창한 그분의, 그분을 위한 삶의 목적을 항상 쫓는 건 중요하지만, 그런데 현실에서 그런 게 약간 그게 너무 추상적일 수가 있잖아요. 약간 뭔가 피상적으로만 항상 믿고, 좋은 말만 가득하지만, 그 안에는 사실 따뜻함이 그렇게 없어 보일 때도 있구요. 그래서 저는 믿는다고 말하는데 저런 사람은 되지 말아야지 이런 생각도 하면서. 믿음의 벽이 단단한 사람들은 어떻게 해결하고 있나? 어떤 게 기독교적인 방향인가? 그런 것들을 좀 항상 고민하고 살아가는 것 같아요. 그 태도 자체가 제가 중요하게 생각하는 것이구요. 지금 남자친구도 어쩌면 그 믿음의 벽이 잘 세워진 사람이라고 생각을 해요.

전: 그렇군요. 그럼 이제 다음으로 가볼까. 내가 모를 만한 북한의 결혼문화가 있을까요? 한국과는 이런 점은 달라 그런 거?

민청: 북한에서요, 음, 북한에서 한국과 다른 결혼문화?

전: 예를 들어 결혼식을 집에서 많이 한다고 들었는데, 나이 많은 어머님들 이야기였긴 한데요. 북한에서 결혼식날 음식 하고 그러셨다고 하던데…

민청: 네, 맞아요, 결혼식 한다고 따로 뭐 식장 빌리는 건 없었던 것 같아요.

전: 지금도 그러겠지? 혹시 들은 거 있어?

민청: 최근에요? 웨딩 사진 같은 건 나가서 찍는 것 같아요. 그 외에 상황이 나아진 것도 아니고, 산업화가 된 것도 아니고, 웨딩 장사가 있는 것도 아니니까 옛날하고 비슷하지 않을까 싶어요.

전: 거기 북한에서 있었을 때 결혼이란 뭐라고 생각했어?

민청: 글쎄요, 저는 뭐 그냥 언젠가 하겠구나, 근데 결혼의 이미지는 좋진 않았어요.

전: 어떤 면에서?

민청: 뭔가 판타지가 없는? 약간 결혼 적령기도 아니었기 때문에 그런 생각을 깊게 한 건 아니지만요. 어렸을 때부터 결혼 얘기를 하잖아요, 나는 결혼 안 할래 결혼해도 엄마 아빠와 살래 이런 식으로 근데 뭐 그런 게 없었던 것 같아요. 가까이 봐도, 주변을 봐도 결혼생활이 만족스러운 거 같지 않고 뭔가 그때 당시는 긍정적인 게 아닌 게 확실하고 판타지도 없고, 먼 일이었기도 하지만요. 그렇게 막 즐겁지만은 않은 거 같다 그런 생각이었던 것 같아요.

전: 그런 생각에도 불구하고 결혼은 언젠가 해야 된다고 생각했었네?

민청: 네. 거기는 싱글로 오래 사는 걸 못 본 것 같아요.

전: 그런 사람도 별로 없고, 그런 인식도 없고, 매체도 제한되어 있으니까 더 그랬을 수 있겠어요.

민청: 그쵸, '동일' 이런 거에 대한 정보 못 들어봤거든요.

전: 여기 내려와서 사람들이 결혼한다고 하고, 결혼식도 가보고 그랬을 건데. 그럴 때 어떤 생각을 했었어요?

민청: 처음 결혼식에 가보고 결혼문화를 접했을 때요? 음… 형식적인 게 많다고 생각했던 것 같아요. 제가 정말 친한 사람이 결혼해서 도와주고 그런 게 없어봐서 잘 모르겠는데, 결혼식 문화 자체가 부풀려져 있는 것 같다는 생각 했어요. 그냥 좀 작게 해도 되는데 엄청 크게 하는구나 그런 생각을 했구요, 웨딩식장 가봐도 그렇고, 저는 그렇게 간단히 끝내고 싶진 않은 거예요. 결혼식이 엄청 화려한데 짧게 밥 먹고 가잖아요, 그게 의미가 있나? 그런 생각을 했던 것 같아요. 제일 가까운 사람을 불러서 하루 종일 같이 있는 게 더 좋지 않을까 그런 생각을 했던 것 같아요.

전: 화려하긴 한데 그건 허세다?

민청: 아뇨. 형식적이란 말이 더 적합해요.

전: 그렇군. 가까운 사람들이랑 같이 시간을 보내고 뭔가 관계적인 측면에서 시간을 좀 더 쓰고 그런 게 더 필요하겠다고 생각을 한 거네?

민청: 그쵸, 잠깐 축하해주고 가는 거니까. 근데, 현대사회가 그럴 수밖에 없잖아요. 바쁘니까 그래도 제가 결혼을 한다면 그런 게 더 좋지 않을까 싶어요.

전: 민청이는 결혼을 한다면 어떤 형태로 하고 싶어? 결혼식 말이야.

민청: 지금 생각하는 거는, 작은 교회에서 결혼식을 하고 싶어요. 작은 교회가 그날 다른 스케줄이 없다면 하루 종일 같이 있어도 될 것 같아요. 웨딩하고 5시간 정도 먹고 마시고… 그냥 밥 잠깐 먹고 인사하고 가는 건 별로예요.

전: 그렇구나.

민청: 너무 금방인 거 같아서 아쉽죠.

전: 그 짧은 시간에 그 많은 돈을 쓰는 것도 참 어찌 보면 한국 문화일까? 지금은 결혼이 뭐라 생각해? 한국에 와서 생각이 보태지거나 바뀐 부분이 있어?

민청: 궁극적인 삶의 안착이랄까요. 결혼을 하는 게 좀 더 인생의 목표 하나를 해치우는 것보다는 제일 중요한 거 같아요. 삶을 몇 십 년 동안 살 때 제일 중요한 이벤트인 것 같아요. 그 이벤트를 잘 이어나가는 게 삶에서 제일 중요한 게 아닐까 싶어요. 뭔가 사람이 외로운 존재라 생각해요. 결혼 안 하고 사시는 분들의 라이프가 이해되지만, 사람은 파트너가 있는 게 정신건강에 제일 좋은 상태인 거 같아요. 특히 저한테는 그런 것 같아요. 한 35살쯤, 그때 그 이벤트를 잘 해내는 게 삶의 목표일 것 같다고 생각해요. 직업적인 것도 중요하지만요. 물론 결혼과 일, 두 개 중에서 무엇이 더 중요하냐고 하면 잘 모르겠어요. 그러긴 한데… 그래도 결혼이 조금 더 중요한 거 같아요.

전: 아까, 궁극적인 삶의 안착이라는 말에서 삶의 안착은 어떤 의미일까요?

민청: 불안정한 삶을 10대 후반부터 살잖아요, 연애하고 싶고 같이 있고 싶고, 관계 속에서 연애를 할 때 관계를 이어나갈 연습을 하지만 그건 약간 예행연습 같은 거 같구요. 연애의 궁극적인 목적이 결혼인 것처럼. 좀 안정되지 않는 상태에 있다가 안정되고 잘 안착하였다는 느낌을 받을 수 있는 게 결혼인 것 같아요.

전: 심리적으로?

민청: 네

전: 근데 많은 사람들은 또 결혼하기 전에 이런 생각을 하지만, 막상 결혼궤도로 진입하면 서로 지지고 볶고 사는 거 같거든?

민청: 일단 결혼궤도로 진입하면요?

전: 어 그렇지. 결혼궤도로 진입하면 헤어지고 싶어도 쉽게 헤어지기 어렵지. 연애만큼? 한국은 3명 중 1명이 이혼을 하니까요. 그리고 오히려 어떤 이유로 더 불안정한 상태에 놓이는 경우가 많은 거 같아요. 그런 현실을 봤을 때 물론 삶의 안착 지점이 되면 좋겠지만 그런 장소가 되지 않을 수도 있지 않을까요?

민청: 그럴 수도 있죠. 그게 가장 무섭죠, 결혼을 생각했을 때 현재 외로움을 도피하고 안착하고 싶어서 하는 건데 오히려 더 불안정하고 그럴 수도 있으니까… 그게 참 배제할 수는 없는데… 그 사람들도 결혼하기 전에 괴로움이 있었을 것 같아요. 외로움이 충분히 있을 수 있고 그걸 선택하기보다는 이 외로움을 끝내고 가는 게 더 낫겠다고 판단했겠죠. 서로 같이 살아서 의지하고 가는 게 지금의 삶보다 낫겠다고 결정을 한 거잖아요. 근데 일단 결혼궤도에 들어서는 그 사람들이 그 감정을 다 잊었다고 생각이 되구요. 결혼 전에 자기 삶이 어떤 삶이었지, 어떤 점이 힘들었지, 어떤 점을 보완하려고 했었지 등 이런 것에 대한 생각을 까먹은 거죠. 극단적으로 상대가 갑자기 실직을 한다거나 암에 걸린다거나 이런 큰 이벤트들 때문에 실제로 더 힘들 수 있다고 생각하는데요. 진짜 상황적인 이유 때문에 후회하거나 약간 맹목적인 우울감이 들 수 있잖아요, 뭐지?

내가 생각한 게 아닌데 이럴 수 있잖아요. 그거는 결혼 전의 삶에 대해 내가 어땠는지 다시 곱씹어 보고 자신이 내린 결정에 후회하지 않으려면 어떻게 해야 할까 고민해야 된다고 봐요. 지금 당장은 만족스럽지 않지만 앞으로 어떻게 해야 할까 고민하는 건 반드시 필요하겠죠.

전: 근데 요즘 미혼, 비혼 많잖아, 꼭 공식적인 결혼제도에 들어가지 않아도 여러 옵션이 있는데, 굳이 결혼 제도로 들어가고자 하는 이유가 있어? 동거도 일반화 되진 않았어도 실제 많이 하는 것 같고… 동거 말고 결혼하고 법적 등록을 하지 않은 사실혼이 있을 수 있고, 아니면 남사친으로 같이 살 수도 있고, 아니면 뭐 공동체 쉐어하우스, 신문에서 본 건데, 어떤 집은 열커플 정도가 같이 사는 거야, 1층은 카페로 하고 각각 방이 있고, 홍대에 있는 집인데 건물주한테 면접을 본다더라. 몇십대 일이래. 경쟁률이 세더라고. 그래서 같이 사는 사람들끼리 카페 수익으로 공동의 이익을 나누기도 한다더라고. 어떻게 생각해보면 다양한 형태의 집들이 있긴 하거든, 뭐 어떻게 보면 주류, 많은 사람들이 가는 길은 아닌 것 같지만. 결혼은 역사적으로 주류지만 비주류들이 생기면서 다른 옵션들을 선택할 수 있는 옵션들이 생기는 건 맞는 것 같거든. 그럼에도 많은 사람들이 결혼의 제도를 선택한단 말이야, 왜 그럴까? 만약 결혼제도로 들어간다면 무엇 때문일까?

민청: 일단 다른 그거에 대한 생각 자체가 많이 없었던 것 같아요. 이런 것도 있지, 저런 삶도 있지, 난 이런 것 중에 이런 걸 선택할 수 있구나, 이런 게 아직 자리 잡지 않은 것 같아요. 친구 중에 다양하게 사는 사람은 없구요. TV에서도 잘 못 봤어요. 모르겠어요, 제가 결혼해서 나오는 프로도 많으니까 그런 거에 제가 더 눈이 가는 것 같고, 좀 그런 결혼제도 말고 다른 선택지에 대해 눈을 돌리고 관심을 가지지 않았던 것 같고, 그렇게 관심을 가지려면 내가 속한 환경이 중요하다고 생각하거든요. 내가 시민운동 하는 되게 약간 적극적이고 정치적이고 엄청 현대적인 친구라면, 또는 그 집단에 있다면 그런 생각을 할 것 같아요, 영향을 받으니까요. 근데 전 어렸을 때 교회를 다녔고, 계속 교회 라이프가 제 라이프였기 때문에. 10이면 두세 번 정도는 교회라이프인 것 같아요. 그래서 그 안에서는 제가 보고 듣는 게 다양한 결혼형태에 대한 정보는 없고, 자연스럽게 그거

에 대한 정보는 잘 얻으려고도 하지 않았던 거 같아요. 관심도 거의 없었구요. 그런 식으로 살아야겠다고 생각하지 않았던 것 같아요. 그런 식으로 사는 분들이 있다는 건 대략 알고 있는 정도? 그렇지만 나는 못할 것 같다?

전: 그럼 동성 간 결혼에 대해 어떻게 생각해?

민청: 만약 제 친한 친구가 동성결혼을 하고 싶어 한다면 되게 안타까워할 것 같아요. 하나님이 야속하다고 생각할 것 같은데… 왜냐하면 여성한테, 남성한테 이성을 사랑할 수 있는 그런 환경을 좀 더 주시지, 생물학적인 호르몬을 좀 더 주시지 하며 원망 같은 거 하면서 안타까워 할 것 같아요. 근데 사실 제3자들이 결혼을 한다 했을 때, 그거에 대해 긍정적인 생각이 더 있는 것 같아요. 더 지지적일 수 있을 것 같고, 제가. 사실 누구나 다 짝이 필요한 건데 그러면서요. 단순히 되게 철없는 결정이 아니라 오랜 고통 속에 내린 결정이라 생각이 들면 충분히 지지할 수 있을 거란 생각이 들어요. 친한 사람인지 제3자인지에 따라 다르네요.

전: 그럼 공동체 가족이라 하는데, 예전에도 한 번 물었었는데. 예를 들어 이혼하고 이혼한 사람끼리 5명이 모여서 산다든지, 그런 그룹도 있거든, 이혼뿐만 아니라 첼로 취미가 있어 5명 모여 살자 이런 그룹 빌리지도 있거든, 공동체 가족이라 하면 그런 그들은 혈연이 아니지만, 가족이라 그러거든?

민청: 진지하게요? 그럼 뭐 가족이겠죠. 그게 뭐 말이 되냐 이런 게 아니라. 내가 이 사람들에 대해 충분히 시간을 쏟고 의미를 부여하면 누구든지 가족이 되는 것 같아요.

전: 민청이가 생각했을 때 가족을 정의 내리자면 뭐라고 할 수 있을 것 같아? 비유를 해도 좋고 아니면 정의라도 좋고 가족의 필수적인 요소. '이건 꼭 이어야 된다'라고 하는 거가 있을까?

민청: 제일 우선시 되어야 하는 건 제가 정서적인 지지가 필요하다 그랬을 때 가장 먼저 찾을 수 있는 존재들이 가족이 되어야 해요. 같이 사는 존재가 그럴 수 있다면 그건 가족이라 할 수 있겠죠. 그런데 잘 모르겠어요. 가족

이 정서적인 지지를 해주지 못하고 힘들게 하는 집도 많잖아요.

전: 맞아요.

민청: 그렇게 지지고 볶는 게 가족 아닌가 싶기도 해요.

전: 그렇게 지지고 볶는데 왜 지지고 볶는 곳에 가는 걸까? 지지고 볶잖아. (하
하) 왜 굳이. 정서적 지지해주는 남사친도 있고, 친구도 있고 선배도 있잖
아. 희한하네. 생각할수록 신기한 일일 수도. 그렇지 않아? 현실적으로 뻔
한데. 많은 사람들이 가족을 선택하더라구요. 가족을 이루는데 혈연이 얼마
나 중요하다고 생각해요?

민청: 어, 가족을 이루는데 내가 입양아를 키울 수도 있구요. 혈연은 별로 중요
하지 않은 것 같아요. 하지만 자녀 낳는 건 중요해요. 결혼을 지속할 수
있는 둘만의 끈끈한 거랄까요. 엄청난 고난을 함께 겪어서 한다? 물론 애
가 없어도 너와 영원한 삶의 동반자라고 생각할 수 있을 것 같아요. 충분
히 가능한데, 그럴 수 있는 확률이 적지 않을까요? 현대사회가 너무 바쁘
고 빠르게 지나가고, 솔직히 저 남자랑 나랑 뭐가 그렇게 달라 보일까?
의심도 들 거 같구요. 더 좋은 사람을 만나야지 하는 후회스러운 생각도
할 수 있겠다 싶구요. 그러니까 둘이 만들어낸 피조물을 보면서 그것에
대한 책임감을 부여하고 동지처럼 고통스럽지만 한번 잘 키워 가보자 이
런 것에 대한 책임감이 결국 결혼을 유지 시켜주는 데 중요한 의미를 하
는 것 같아요.

애를 낳을 때 뼈가 열릴 것 같은 고통을 겪고 이런 것은 저는 괜찮거든
요. 뭐 하면 되지 이런 생각이 들어요. 걱정되는 건, 뭐 되게 부족함 쪽에
서 살아야 된다 그런 거죠. 자녀와 가족이 항상 넉넉하지 못할 수도 있겠
다? 돈이 너무 부족해서 내 자녀가 위축되는 모습을 내가 봐야 되면 제가
위축될 거 같아요. 그런 시간이 장기화된다? 그런 생각을 하면 힘들어요.
그래서 내가 경제적으로 어떻게 해야 된다 그런 생각을 하는 거 같구요.
결혼을 하고 자녀가 생기면 지금보다 훨씬 열심히 살아야 되잖아요, 지
금처럼 돈이 없으면 안되니까요.

전: 억척스럽게?

민청: 네. 어떻게 저런 일을 해? 이러는데 아무 생각 없이 청소도 할 수 있겠죠. 저를 좀 더 밀어붙이는 삶을 살 것 같아요. 근데 그것도 나름 의미 있다고 생각해요.

전: 되게 긍정적으로 해석하는 것 같아요. 참, 지금 만나고 있는 사람이 외국인 이잖아. 미국인이라고 했지? 국적 이런 건 잘 안 따지는 편이에요?

민청: 그런 것 같아요, 사람이 괜찮으면, 상관없을 것 같고, 미국 사람이라 미국 에 대한 이미지가 좋아서 더 호감이 갈 수도 있는데요. 만약 중국 사람이 라 하면 배경이 중국이라 그러면 사람이 진짜 괜찮아야 되겠죠, 중국도 좋 긴 한데 이주해서 살아야 된다고 하면 가기 싫거든요. 이주해서 살아야 되 면 중국은 별로예요. 왜냐면 제가 선진국 사람이라 미국 사람이 좋다기보 다는 제가 영어를 훨씬 잘 할 수 있고 중국어를 못하고 그렇잖아요. 중국 보다 미국에 관심이 있다는 거겠죠. 그러니까 언어라도 할 수 있는 게 있 으면 괜찮겠죠. 미국은 제가 영어를 할 수 있으니까 가서 살 수 있다는 생 각을 하지만 중국이나 일본은 어려울 것 같아요.

민청: 그럼 고향 사람은 어때요?

민청: 고향 사람… 보통 북한 사람에 대해 이런 말씀을 많이 하시더라구요. 발 전이 없다, 그분들 만나면 터 잡은 사람이 거의 없고, 경제적으로 약하고 제약이 많아서 본인이 발전할 수 없다고 보는 사람들이 더 많아요. 물론 고향이라 통하고 같이 추억할 수 있는 사람이 있으면 좋은데, 일단 그걸 추억하고 있기에는 현재의 삶이 너무 빠듯하다? 힘들다? 그니까 저는 그 런 추억 안 해도 되니까 앞으로의 미래를 안전하게 같이 안전하게 가볼 수 있는 남자가 좋을 것 같아요. 그리고 거기에 대해 별로 추억하고 싶지 않을 수도 있잖아요. 그거는 그냥 형제자매로 충분하지 않을까 싶어요. 아니면 고등학교 동창 정도. 그렇게 만나서 추억하지, 그 사람을 만나서 평생 추억하지 않아도 될 듯해요.

전: 그렇군. 그럼 결혼할 때 주택비용은 어떻게 부담하는 게 적합하다고 생각 해요?

민청: 만약 우리 집에 돈이 많아요. 우리 아빠가 건설회사 사장이야, 그러면 '집은 내가 구할게 가전제품 몇 개만 해' 이러면 정당하겠죠. 근데 둘 다 없는 상황에서 네가 남자니까 네가 더 내야 돼, 이건 잘 모르겠거든요. 저한테 정당한 거는 내가 너보다 좀 더 있으니까 내가 이만큼 낼게, 그래 그렇게 하자, 내가 나중에 더 벌면 더 할게 이런 거 같아요. 둘 다 100만 원 있는데, 내가 50만 원 쓸 거고, 너는 남자니까 대출을 받아서 70만 원 내야 돼 그렇게 요구는 못 할 것 같아요. 뻔히 너도 없고 나도 없는 거 아는데, 둘 다 고향 사람이고 둘 다 홀어머니야. 근데 네가 남자니까 더 내야 돼, 이렇게 말하고 그렇진 못할 것 같은데… 말하지 않아도 남자는 부담을 느낄 것 같아요. 남자인데 이만큼 해야 되는데 이런 생각을 하겠죠.

전: 그럼 이혼에 관해서는 어떻게 생각해요? 이혼에 대한 합당한 조건이 있다고 보는지?

민정: 이혼할 수 있는 이유랄까요. 가정폭력은 이혼이죠. 다른 거 고민할 필요 없이 이혼이에요. 일단 폭력이라면 저도 같이 구타할 거구요. 남편이 한 대 때리면 저도 한 대 때려야죠. 생각만 해도 열 받아요. 네가 뭔데 날 때려죽이려고. 언어폭력도 똑같아요. 굉장히 싸한 기분을 표현했어요. 세 번의 기회가 있어요. 한 번 그랬다면 두 번의 기회를 남겨두겠지만요. 두 번째 하고 세 번째 하면 집 나갈 것 같아요. 세 번째 언어폭력 하면 이혼해요. 사람 잘 안 바뀌거든요. 애초에 그런 싹수가 있는 거는 잘 보기 힘들 수도 있죠. 그렇기 때문에 결혼을 도박이라 생각하는 거 아닐까요?

연: 외도는?

민청: 그러면 가족 상담을 받으러 갈 것 같아요. 심리 공부해서 심리상담 받는 걸 되게 좋아하는 것 같은데, 왜냐하면 둘이 얘기했을 때 잘 안될 때가 많잖아요. 좀 더 생산적인 대화를 못 하고 감정적일 때가 많으니까 상담센터에 가는 거예요. 제3자가 듣고 이렇게 질문하셔야 돼요, 계속 우리가 배우고 노력을 같이 하자. 참 한심하다고 느낄 것 같긴 해요. 외로울 수도 있는데, 그 외로움이 네가 어차피 걔랑 사귈 것도 아니고 잘 거 아니면 왜 그 선까지 갔냐. 저는 그럴 것 같거든요. 그런 썸 타는 관계를 남편

이 만들었다는 자체가 한심할 것 같긴 해요. 내가 일단 감정적으로 상했으니 너랑 장기적으로 대화하기 힘들다. 어디서 도움을 받자, 이런 식으로 해결할 것 같아요. 근데 성적인 관계를 이미 가졌어, 아 이혼이죠! 짜증 납니다. 이혼이에요. 썸 타는 건 상담, 성관계는 이혼. 술 마셔서 그랬다? 그거 못 믿어요. 비는 거, 변명하지 말아야 돼. 술 얘기도 하지 마. 그냥 너는 술 마셨는데 그 몸을 움직일 힘이 있었다는 거잖아, 그 쾌락을 느낄 힘이 있었다는 거잖아, 그걸 변명이라 갖다 대면 안 되지 그럴 거 같아요. 그 어떤 변명도 댈 수 없죠. 일단 싹싹 빈다? 어느 정도의 개선의 노력을 보이는지에 따라서 생각해 볼 수 있을 것 같은데 끔찍하네요.

전: 그렇군. 그럼 가사 분담은? 둘이 월급이 비슷해 청소하고 빨래하고 어떻게 나눠서 살아가고 싶어요?

민청: 요리를 제가 좀 더 잘하면 요리를 하겠죠. 규칙 이런 거보다는 살면서 자연스러운 거잖아요. 물론 애가 있으면 규칙을 좀 더 만들어야 될 것 같은데요. 남편이 손 까닥 안 한다면… 밥 먹었으니까 설거지는 해야 되는데 어떻게 할까 물어보고 어색하지 않으면 가서 말 걸고 시켜야죠. 저는 그 사람이 할 때까지 기다리지 않아요. 그렇게 하고 내가 말하지 않고 지는 재미있게 놔둬야지 하면 그게 당연하게 되어버려요. 그래서 이 사람이 그렇게 살아왔구나. 오케이 접수, 근데 나랑 살 땐 그렇게 안 돼, 미안한데 말은 해야겠어, 이렇게 할 거 같아요.

전: 그렇군. 민청이는 여성으로서 결혼하면 지켜야 된다고 생각하는 거 있을까?

민청: 여자로서 결혼할 때 지켜야 되는 거… 여자로서 그렇게 하는 건 그런데, 생리적인 현상은 많이 가리고 그 판타지를 별로 깨고 싶지 않아요. 그런 건 있어요. 생리현상을 많이 조심스럽게 할 것 같다. 그건 있어요. 외모 치장도 뭐 신경 안 쓰진 않을 것 같아요. 할 만큼 가꿀 거 같아요. 저는 남편이 방귀 뀌고 퍼져있어도 예쁠 것 같아요. 근데 약간 내가 그렇게 하고 싶단 심리는 내가 꾸미고 싶고 그런 건 외도에 대한 두려움이 있지 않나 싶어요. 여자에 대한 남자의 로맨스가 쉽게 깨지지 않는 건 아니니까요. 40대도 아이돌 좋아하고 그러니까. 그런 거는 그 사람을 위한 거죠, 저를

위한 거라기보단 그 사람을 위한 거죠.

전: 부부 사이의 호칭은 뭐라고 불릴 것 같아요?

민청: 미국인이면 이름을 부르겠지만… 일단 애칭을 부를 것 같아요. 오빠는 아닐 것 같고, 지금은 애칭이 있는데 그걸로 할 것 같아요. 결혼해서도, 애칭이 다 있나요? 부부들이 없나요?

연: 사람마다 다른 것 같긴 해요.

민청: 차인표가 한 말 중에 부부는 신앙적인 것도 있어 가지고 같이 신앙적인 목표를 가지고 종교가 있어도 서로 다른 동상이몽을 꿈꿀 수 있잖아요, 근데 신앙이 있는 둘이 봉사나 이런 거에 대한 마음이 같은 거예요. 그런 걸 같이 놓고 같이 가는 게 부부다. 이렇게 같이 가는 게 부부로서 훨씬 행복한 것 같다고 했는데 그게 저에게도 롤 모델인 거 같아요. 믿음은 있어도 내 일상이 바쁘면 믿음을 일주일에 한 번만 찾을 수 있고 그런데 좀 더 나아가기 위해 노력하는 부부가 되는 게 좋을 것 같아요.

전: 여기 온 게 몇 년도지?

민청: 2007년이에요.

전: 오래됐네, 14년 뭔가 내가 많이 바뀐 게 있어, 전반적으로 살펴볼 때?

민청: 많이 바뀐 부분이 있죠. 그렇죠, 고등학교 때 달랐고, 대학교 때 달랐고, 지금도 또 다른 것 같은데요.

전: 이미지가 변한 것 중에 마음에 드는 거 있어요?

민청: 맘에 안 드는 것도 있고 맘에 드는 것도 있는데, 마음에 드는 것은 옛날에는 단순하게 했던 것 같은데요. 좀 더 감정적이었던 것 같구요. 지금은 사회생활이라고 할 수 있는 대학원 생활을 하면서 '아 이렇게 하는 게 더 나은 방법이구나' '내가 마음을 표현하고 싶은 거 이렇게 표현하는 게 더 바람직하구나' 하고 배우게 됐던 거 같아요. 그게 옛날에는 좀 없었던 거 같아요. 옛날에는 좀 더 감정적으로 표현을 했던 게 많았었죠. 지금은 얼마만큼 조절하는 지는 모르겠지만 옛날보다는 좋아졌다고 생각해요. 근데

아직 자신에 대한 확신, 자신감이 나이가 든다고 막 생기진 않는 것 같더라구요. 그걸 갖기에는 어떤 걸 성취해야 하는데 거기 들이는 시간과 노력이 얼마나 큰지 알다 보니까. 옛날에는 '나도 할 수 있어'라고 확신에 찼다면, 지금은 '내가 이만큼 투자해야 얻는 건데 할 수 있을까' 하는 현실적인 고민도 많아졌고, 그래서 자기 자신감 그건 좀 줄어드는 거 같아요.

전: 생각이 많아졌네, 자신감으로 치면, 옛날이 좀 더 심플하게 살 때가 자신감이 있었다고 해야 할까?

민청: 안 좋은 점은 그런 걱정들이 현재 일을 집중하는 데 방해를 받아요. 부정적인 생각이나 꼬리를 무는 생각을 하게 되면 현재 해야 하는 일에 대해 부정적인 생각을 할 때가 있거든요. 회의적인 생각을 할 때가 있어요. 그거는 방해 요소여서 조심해야 되는 부분이 있는 거 같아요. 어쨌거나 생각을 하는 건 나쁘진 않아요.

전: 그렇구나. 또 안 좋은 건?

민청: 자신감이 떨어진 거, 자존감이 떨어진 거요.

전: 근데 그건 왜 그럴까, 어떻게 보면 북한보다 더 좋은 환경이고 더 공부도 많이 했고, 사실 외적인 조건만 보면 그렇게 자존감이 떨어질 일이 없을 수 있을 법도 한데…

민청: 비교죠, 상대적인 거잖아요, 내가 잘났다, 못났다는 주변에서 아무리 잘났다 해도 아닐 수 있거든요. 내 주변의 또래들이 이만큼 앞서나가고 있는데 내가 여기에 있으면 그것에 대한 박탈감은 항상 느끼는 것 같아요. 경쟁 사회이다 보니까요. 제가 북한에서보다 가진 건 많아도 지금 임대주택에 사는 게 맘에 안 들죠. 이 지역에 살아도 돼요. 근데 이 임대 아파트는 마음에 안 드는 것 같아요.

전: 그럼 어디 살고 싶어요? 굳이 지목하자면?

민청: 그렇게 팬시한 동네에 살고 싶고 그런 것도 아니에요. 근데 한곳에 오래 있었잖아요. 지금 14년 정도 사는데 지겨워졌어요.

전: 이 동네에 오래 살았다?

민청: 네, 여기 올 때부터 살았으니까 지겹고, 그냥 여기만 아니면 돼요. 평수가 똑같아도 돼요.

전: 어머니 이사계획은 없으셔?

민청: 못가죠. 돈 없어서.

전: 그렇구나. 여기 좋은 점은 뭐야? 한국.

민청: 서로 감시하지 않고 살아도 된다. 선생님 그거 아세요? 북한 사람들 서로 감시하는 거요?

전: 듣긴 했지. 겉으로는 좋아 보이고, 이웃 간에 정이 많은 것 같아도 서로 감시한다면서?

민청: 정이요? 이웃 간에 정 없어요. 이웃 간에 정이 있을 수가 없어요. 물론 친해질 수 있어요. 같이 욕하면서 친해질 수 있어요. 근데 항상 불안한 거죠.

전: 그 얘기 많이 하시더라구…

민청: 그게 정말 안 좋아요. 정신병 걸려요. 진짜.

전: 어렸을 때인데도 그런 걸 느꼈어?

민청: 사람이 말하는 거 다르고 생각하는 거 다르고 실제 행동하는 거 다르잖아요. 내 부모가 그렇게 하는 걸 봤고, 이모가 그렇게 하는 걸 봤고, 또 제가 그렇게 하고. 어디 가서 절대 말하지 마, 그런 거 많아요. 근데 갑자기 어른들이 의심해요. 저 집에서 우리 계속 쳐다보는데 신고하려나… 계속 의심하고 의심하고… 그러면 정신병에 걸려요. 진짜 거기는 어제 옆집이랑 같이 멀쩡하게 저녁 먹었는데 자기 보상금 받으려고 어제 밥 먹던 사람 신고하기도 하고 그러거든요.

전: 그게, 되게 내가 상상했던 거보다 심한가 보다?

민청: 완전 서로가 서로를 감시하는 체제가 뼛속까지 들어가 있어요. 그게 제일 별로인 것 같아요. 살면서…

전: 그게 일상이구나. 어떻게 살까… 가끔 의심하고 이런 것도 힘들잖아, 어느 집에 불이 늦게까지 켜있으면 신고당할까 봐 그런다면서.

민청: 우리가 신고하지 않으면 먼저 신고당할 것 같은 불안감이 들 때도 많아요.

전: …

민청: 정말 별로예요.

전: 그런 일상에서 학업을 하고 돈을 벌고 이런 게 어떨까… 상상이 안 되네…

민청: 그런 일상에서 어른들은 여가가 없는 거죠. 여가가 뭐가 있겠어요?

전: 학생 입장에서는 공부에 집중도 안 되고 친구를 믿을 수 없을 것 같기도 해요.

민청: 어른들이 늘 교육하는 게 어디 가서 이런 말 하지 말아라, 말조심해라, 그런 말 하면 잡혀간다, 이런 말 하니까요. 그렇다고 친구 간에 문제가 있는 건 아니에요. 얘기하고 지낼 수 있긴 한데요… 하지 말라는 게 많은 거죠. 어디 가서 김정일 욕하지 말아라. 항상 좋다고 얘기해라. 이렇게 가르쳐요. 중국에서 도움을 받아도 절대 말하지 말아라, 네 친구한테도.

전: 여기 와서는 그런 부분에서 굉장히 자유로움을 느꼈겠어요?

민청: 그렇죠, 정치적인 욕을 할 수 있죠, 마음에 안 들면 욕할 수 있고 자유잖아요. 거긴 내가 싫어도 그걸 말 못 하게 하니까 힘들죠.

전: 거기서 의심도 하는 게 오랫동안 내재화 되잖아. 그런 게 여기 와서 살면서 좀 바뀌고 해소가 되어 가나요? 지금은 사람들을 잘 믿고 그럴 수 있는지…

민청: 어른들은 그거 잘 안되는 거 알죠, 선생님, 어른들은 여기 내려와서도 어른들까지도 아니에요. 진짜 웃긴 게 전 남자친구가 북한 사람이었는데, 전 여자친구가 북한에 신고를 했어요. 얘가 법적인 부분을 좀 더 이득을 보려고 한 거예요. 그 여자친구가 남자가 헤어지자고 하니까. 얘가 생활비나 이런 거 돈 문제를 두 배로 받을 수 있고 그런 문제가 둘 사이에 있었나 봐요. 여자애가 신고를 한 거예요. 그래 봤자 24살 정도에 여자친구랑 사귄 게 전부인데. 어려서부터 세뇌 교육을 받고 누구를 신고하는 것

에 대해 당연하다고 생각하고 그걸 보복적으로 하고 그랬던 거죠. 이게 참 얼마나 만성화 되어있었는지 알 수 있었어요. 그걸 보고 깜짝 놀랐어요. 그 여자애가 미쳤다고 생각했죠. 제 전 남친도 잘한 건 없었지만 그 여자애도 참 특이하다 생각했어요. 결혼한 것도 아니고.

전: 거기서 비판하고 지적하고 그런 일상이 많다는 거죠?

민청: 당연하죠!

전: 잘 안 변하는 게 있는 거네.

민청: 사람 잘 안 변해요.

제3장 간호학과 재학 중인 여희은 씨가 말하는 결혼문화 (2018년 탈북, 남한출신 남성과 연애 중)

　그녀는 2018년도 남한으로 넘어왔다. 여희은 씨는 파주 소재한 아파트에서 부모님과 살고 있다. 가족 모두가 운이 좋게 탈북에 성공했다. 그녀의 오빠는 결혼하여 가정을 꾸려 출가하였다. 그녀에게 최근 기쁜 소식은 소식은 임대아파트에서 벗어나 새 아파트를 구매했다는 점이다. 또 하나는 가족에게 무거운 짐이 됐던 브로커 비용도 입남한 지 4년째 되던 해 다 갚았다는 사실이다. 간호학을 전공하는 그녀는 간호학 전공 대학교수의 꿈을 갖고 있다. 한마디로 야망이 크다. 얼마 전 해외 봉사를 가서 아픈 사람들을 치료해주었다. 그 외에도 스스로 돈을 모아 여러 국가를 여행 다니기도 한다. 그녀는 유행하는 옷에 민감하게 반응하고, 영어 마스터를 꿈꾼다. 북한과는 달리 일이 대가로 적합한 보상이 주어지는 한국에서 그녀는 편의점 아르바이트로 용돈을 벌고 있다. 그래야 그녀가 좋아하는 예쁜 디저트가 나오는 카페를 찾아다닐 수 있으므로. 이처럼 그녀의 일상은 학업, 아르바이트, 영어공부, 해외여행 등으로 다이내믹하다. 편의점 알바에서 지금의 남자친구(남한 출신 한국인)를 만났으니… 그녀의 일상이 내 눈에는 행복에 가득 찬 듯 보였다.

일시 : 2021년 10월 6일, 오후 1:00-오후 3:00
참가자: 여희은(가명)_(20대 초반, 여성, 간호학과 재학중)
진행자: 전주람

전: 사람들은 보통 연애를 거쳐 결혼으로 가잖아요. 그런데 모두 잘 살면 좋지만, 이혼이 늘어나기도 하구요…

희은: 제가 한 가지 알려드릴게요. 저희 어머니한테 어제 물어봤거든요?

전: 어떤 거요?

희은: 만약 제 남편이 나쁘고 막 폭력 쓰고 그렇다면, 북한에서 이혼시켜 주냐고 하니까 아무것도 안 시켜준대요.

전: 남편이 막 때리고 폭력이고 이래도? 그러니까 이혼이 사회적으로 굉장히 안 좋게 인식되나 봐요.

희은: 네, 이혼이란 게 그렇대요. 사실 그렇게까지 큰 건 줄 몰랐는데요. 절대로 이혼은 안된다고 하시더라구요. 남편이 때리면 어떻게 같이 사냐고 하니까, 엄마는 너는 이혼하겠다고 해도 엄마는 안 시켜준다고 하더라구요.

전: 그러면 희은이 지금 생각은 어때요? 여기서 결혼을 만약 했어요. 그런데 남편이 폭력이 있고 되게 좀 못되게 굴고 막 다른 여자도 만나고 그러면…

희은: 당연히 이혼하죠.

전: 아, 그치? 그게 세대에 따라서 또 다르구나.

희은: 저는 북한에 있었다고 해도 남자가 그러면 당장 이혼했을 거예요.

전: 아 거기 있었어도? 아아. 그럼 희은이는 결혼의 조건이라 물었을 때 뭐가 가장 중요해? 뭐 어떤 사람은 돈도 중요하다고 하고, 어떤 사람은 인품을 말하기도 하잖아요.

희은: 일단, 전 우리 부모님도 북한에서 오셨고, 우리 부모님은 남들보다 지식이 많지 못해요. 그래 가지고 그런 걸 되게 낮게 보지 않고 존중해주는 사람? 좀 커버해줄 수 있는 사람이 필요해요. 나와 부모님 모두를 자신의 부모님들처럼 생각해주는 남자요.

전: 아, 그러니까 많이 배웠든 못 배웠든 사람들을 평등하게 여기고 업신여기거나 무시하는 거 없이… 굉장히 잘 수용해주는 사람인 거네. 평등하게 바

라볼 줄 아는 그런 남자.

전: 그러면, 심리적으로는 어떤 부분이 좀 중요할까요? 부부관계에서.

희은: 편안함이요. 편안함. 서로가 진실한 마음.

전: 편안함은 구체적으로 어떤 거를 의미할까요?

희은: 같이 있을 때 지루하지 않고, 뭔가 내가 말을 하지 않아도 제 마음을 잘
　　　아는 사람? 스스로 뭔가 아 저 사람은 저런 걸 원하는구나. 그런 걸 잘 알
　　　아차리는 남자?

전: 그렇구나. 마음을 잘 알아차려 주는 사람. 정서적으로도 편안하게 해주는
　　그런 사람이구나.

희은: 네, 맞아요.

전: 근데 결혼과 연애는 좀 다르지 않나? 연애할 때는 왜 좀 마음도 콩닥콩닥하
　　고 설레고 그런 게 있잖아, 보통. 그러다 보니 서로에게 잘 보이고 싶고. 그
　　런 게 좀 재미도 있잖아.

희은: 네, 맞아요. 그래서 결혼은 진짜 아까 말했던 거죠. 편안한 상대. 그냥 민
　　　낯이었을 때도 사랑할 수 있는 사람. 그냥 같이 24시간 있는데도 편안해
　　　가지고, 있는지 없는지도 잘 모르겠고 그런 거요.

전: 아. 그냥 존재만으로도 충분한 거. 지금 네 엄마 아빠와 같이 있을 때처럼.
　　그러면 설레는 마음은 좀 없겠네. (하하)

희은: 설레는 게… 제가 더 노력하면 설레게 할 수 있더라구요, 상대방을.

전: 어떤 노력으로 그게 가능할까?

희은: 아침마다 결혼을 해서 같이 살잖아요. 아침마다 상대방이 피곤하면 먼저
　　　일어나서 커피를 한 잔 타준다던가. 그런 노력을 하면 사람이 행복하지
　　　않을까요?

전: 그래. 그런 노력도 좀 중요하겠구나. 근데 무엇보다 네 옆에서 그냥 있는 그
　　대로 그냥 민낯도 다 좀 보여줄 수도 있고 받아줄 수도 있고 그런 관계가 결

혼한 부부의 모습이면 좋겠다고 생각하는 거네. 그치? 결혼과 관련해서 북한에서 남자들이 좀 되게 가부장적이고 그런 얘기들 있는 거 같던데… 내가 언제 탈북한 한 아주머니 집에 인터뷰를 하러 갔는데, 그 아주머니가 허리가 장애가 있거든? 허리가 아픈데 남편이 아무것도 안 도와주더라고…

희은: 그런 부부 진짜 많아요.

전: 많아? 희은이 아버지는 어떠셨어요?

희은: 네, 좀 좋은 분에 속하죠. 주변에서 부러워했죠, 많이.

전: 그렇구나. 근데 그렇게 가부장적이고 그런 거에 대해서 희은이는 어떻게 생각해? 북한 사회가.

희은: 음 여기 와서 봤을 때… 저는 별로 나쁘게 보지는 않았는데, 거기에 사니까 당연히 거기에 익숙하잖아요. 거기 사니까요. 근데 자식들까지 도와주지 않으니까. 그 애들은 엄청 미웠죠. 저런 애들이랑은 친구 못해. 자기를 키워준 부모에게 감사할 줄 모르고 그러네… 이렇게 생각했어요.

전: 아, 거기는 애들이 집안일 많이 도와주지? 엄마 좀 도와줬어? 자식은 부모에게 효도해야 된다고 생각이 있을까요?

희은: 효도에 대한 생각은 잘 모르겠어요. 그냥 마음에서 우러나왔던 것 같아요.

전: 아 그렇게 부모님을 좀 도와주고 엄마 혼자 일하게 내버려 두는 애들은 좀 아닌 거 같다고 생각을 했겠네.

희은: 네, 맞아요. 가부장적인 건 나쁘게 보지도 않고, 그냥 아무 생각이 없었어요. 그냥 아 저 사람은 저런 스타일이야, 그렇게 생각했는데, 자식들까지 그러니까 저건 진짜 아니다. 나쁜 애라고 생각됐어요.

전: 음. 그러니까 사람은 다 좀 평등해야 된다고 생각하는 것도 있나요? 저렇게 여성 혼자만 가사 일을 한다는 거. 그게 좀 불합리하고 공정하지 못하다고 생각하는 것도 있었던 거야?

희은: 제가 학교 다닐 때 남자애들은 먼저 자기네 할 일만 하고 딱 쉬잖아요. 예

전에 남자들 바깥일 한다 그랬잖아요. 그러니까 뭐가 마당 청소 한다던 가 학교에 대개 마당 있잖아요. 그거 청소하고 아무 일도 안 하면 저희 여 자들은 교실 청소 하거든요. 사실은 교실 청소가 할 게 되게 많잖아요. 되 게 잔잔하게, 그때 제가 남자들한테 가서 여자애들 아무도 말 못 하는데, 제가 가가지고 너희들 여기서 뭐 하냐고! 여기 와서 빨리 도와달라고 그 랬어요. '동일'이라고 말하면서 남자애들 시켰어요.

전: 진짜? 그러니까 북한에서는 학교에서도 청소가 남자일, 여자일 나뉘어 있 네. 어머 너무 신기하다. 난 어렸을 때 남자 여자 같이 뭐 조를 나눠서 하든 지 그렇게 보통 했거든.

희은: 그래서 남자들이 화장실이랑, 복도랑 마당 같은 데 청소하고, 저희는 교 실 안에 청소해요. 유리 닦고, 창문 있잖아요. 거기 닦고, 바닥 닦고, 칠판 그런 데 닦고요. 여기 와서 처음 티브이 보잖아요. 그런 게 있었어요. (부 부가 가사일을) 잘 분담하고 사는 집 그런 거 하잖아요. 결혼했다고. 그 런 다큐멘터리 하는 거예요. 남편은 밥을 잘해서 밥을 하고 설거지를 하 고, 여자는 그냥 빨래하고 집 청소하고 이런 걸 목격하잖아요. 진짜 저거 를 평생 한다고? 밥을 남자가 평생 한다고? 그러니까 저희는 그걸 엄마 가 생일이어야 하는 거죠. '엄마, 여기서 놀고 우리가 밥을 해줄게. 아빠 랑 같이 해줄게.' 그러거든요? 저희 북한은 다 그래요.

전: 어, 특별한 날에 엄마를 쉬게 해드리는구나.

희은: 그렇죠. 아닌 집도 있겠지만, 저희는 대부분 다 그래요. 90%는. 특별한 날이면, 어머니들 휴식시키고. 그런데 여기 와서 그거 하루도 아니고 평 생 남자가 밥을 하겠다고 분담했을 때, '어, 정말 평생 간다고?' 하면서 너 무 좀 의아하기도 하고 충격받았어요.

전: 그게 어떻게 보였어? 뭐 어떤 생각이 들었어요?

희은: 뭐가 공평하다. 여자들을 많이 커버해주는구나. 저희 부모님들은 살짝 더 부정적으로 생각해요. (탈북한) 부모 세대들은 남자가 무슨 일을 해? 집 안일을 여자처럼 해? 그런데 저 같은 경우는 진짜 멋있었어요. 제 남편이

그랬으면 얼마나 좋을까요?

전: 이게 세대에 따라 다르네.

희은: 네, 저희 부모님들은 진짜 가정적인 그런 분들이셔 가지고. 지금도 보면 저희 오빠(탈북자)가 남자잖아요. 그런데 결혼생활 하잖아요. 엄마가 오빠한테 언니 도와줘라, 그래요. 근데 오빠 실제로 행동하는 거 보면 너무 달라요. 대한민국 문화랑 북한 문화가 섞였구나. 그걸 느꼈어요.

전: 그럼 희은이가 여기 내려와서 좀 몇 년 살면서 좀 남성의 성역할에 대한 생각이 좀 변한 것 같아요? 이 부분은 어때요?

희은: 바뀐 부분인 것보다는 여기에서는 남자들이 성희롱하고 부부간인데도 너무 욕보이면 신고할 수 있잖아요. 그런데 저희 고향에서는 그렇게 못 해요. 남자들이 하자 하면 해야 되고. 신고를 못 해요. 내가 싫어도 할 수 없어요.

전: 우리나라 옛날같이…

희은: 네. 지금도 그래요. 진짜 하기 싫은데 했잖아요? 그럼 친구들이 오히려 저를 나쁘게 봐요. 북한에서 스킨쉽은 괜찮아요. 애정표현이겠지 하고 괜찮은데, 성관계를 했을 때는 안돼요. 네 금지되어 있는데 요즘 애들은 하고 있어요. 예전에는 못했는데… 몰래 하고. 보통 집에서요. (북한) 친구들이 거기서는 금기시되고 말할 수 없는 분위기였는데 여기(한국)는 사회적으로 허용된 부분이 있기 때문에 편안함을 느낀대요. 여기서는 다 오픈되어 있으니까? 그런 점이 좋대요.

전: 그렇구나. 희은아, 연애에 관해 조금 더 얘기해주고 싶은 거 있을까?

희은: 북한에서 결혼하면 아빠 쪽 집에 들어가 살아요.

전: 대부분?

희은: 네, 대부분. 그냥 자연적으로 했던 것 같아요. 일단 여자는 나간다. 남자는 들어온다.

전; 아. 그러면은 희은이도 여기서 결혼하면 시댁 들어가 살 생각이 있을까요?

희은: 아니요.

전: 왜?

희은: 그 뭐랄까요. 둘만의 시간을 좀 가진 다음에 그렇게 해 봐야죠.

전: 둘만의 시간. 뭐 결혼해서 시댁 들어가서 산다 해도 가질 수도 있지 않을까?

희은: 눈치 보이잖아요.

전: 희은이 또래 친구들 거의 다 그렇게 생각할까?

희은: 아마 저의 친구들 다 그렇게 생각할걸요? 시댁에 들어가선 절대로 안 산다는 입장. 왜 그런 관점이 있냐면요, 저희 고향에서는 다 거의 시댁에 들어가서 살잖아요. 그러면 되게 엄청 힘들어요. 밥도 다 해야 되고, 그 살림을 먹여 살려야 되니까요. 여자가 그런 존재가 되거든요.

전: 다 해야 돼? 며느리가?

희은: 네, 그런 인식이 벗어나지 않았기 때문에 아마 대부분 다 억울할 거예요. 그러니까 다 독립하려고 하죠.

전: 그렇구나. 북한에서는 결혼식을 보통 어떻게 해요?

희은: 결혼식. 일단 김일성 김정일 그런 동산? 그런 데 앞에 가요. 여기는 기독교랑 천주교 믿는 분들은 교회 가서 결혼식 서약 드리잖아요? 저희는 김일성 김정일 동상에 가는 거예요. 직접 보지는 못하니까 동상에 가서 사진도 찍고 결혼했다는 서약도 하고 그래요.

전: 결혼 전에? 식 올리기 전에?

희은: 아뇨, 그러니까 식 올리면서 같이 가요. 그러니까 식 올리잖아요. 일단 그게 첫 코스가 그게 되는 거예요.

전: 그렇구나. 그럼 신혼여행은 보통 어디로 가요?

희은: 신혼여행은 없어요.

전: 아, 신혼여행은 없어?

희은: 여행이라는 단어가 당연히 없죠.

전: 그러면은 결혼식 하고, 가서 동상에서 인사 올리고 바로 시댁에 들어가 사는 거야?

희은: 네.

전: 여행은 없고…

희은: 네. 여행 없어요. 그냥 여행이라는 단어가 없어요.

전: 그러면 여기 남한에는 있는데 북에는 없는 게 또 있을까요?

희은: 여기는 웨딩홀이라고 있잖아요. 거기서 하잖아요. 그런데 저희는 집에서 거의 다 했던 것 같아요.

전: 아, 결혼식을.

희은: 네, 돈이 진짜 많은 사람은 그런 데 가서 하거든요. 호텔이나 식당 같은

데 찾아가서 하는데, 돈 없는 평범한 사람들? 그런 사람들은 그냥 집에서 대부분 저희 북한은 대부분 다 집에서 해요.

전: 그러면 한복 입고 하나?

희은: 네. 웬만하면 다 한복이었어요. 그런데 요즘은 변해 가지고 동상 아까 찾아간다고 했잖아요. 그때는 한복 입는데 옷을 두 벌 정도는 갈아입기도 해요. 옛날에는 없었지만, 저희도 그게 생겼어요. 정장 같은 거 입기도 해요.

전: 그럼 희은이는 여기 남한의 결혼 문화 TV에서 볼 때 어떤 생각이 들었어요?

희은: 정말 엄청 화려하고, 진짜 화려하고. 이쁜 것 같아요.

전: 화려한 게 좋게 보이는구나. 좀 사치스럽다 이런 생각이 들기도 할까? 뭐 어때?

희은: 어찌 보면 뭔가 사치라고 느낄 수도 있잖아요. 그 돈이면 뭔가 가족들하고 혹시 다른 걸 할 수도 있고 이렇잖아요. 근데 저는 일단 태어나서 한 번밖에 없잖아요. 두 번 할 수도 있겠죠. 결혼식. 근데 저는 한 번 하고 싶거든요. 인생에 한 번뿐인데, 물론 크게 사치스러운 건 별로지만. 제 수입에 맞게 화려하게 하고 싶어요.

전: 얼마 정도가 수입에 맞는 거야? 얼마 정도 투자하고 할 수 있을 것 같아요? 지금이야 뭐 많이 돈을 버는 건 아닌 학생 입장이지만. 어떤 스타일로 하고 싶어요?

희은: 한 오천 정도?

전: 굉장히 스페셜한 날에 내가 이 정도는 투자할 가치가 있다고 생각을 하는 걸까?

희은: 식이 중요하다기보다 그냥 저도 남들처럼 다 해보고 싶어요. 사실은 지금도 그렇거든요. 저 진짜 못한 게 너무 많아요. 돈 때문에요.

전: 아, 돈 때문에.

희은: 네. 이것도 해 보고 싶고 저것도 해 보고 싶은데… 그건 저의 개인적인 욕

구잖아요. 근데 다른 사람들 다 하는 거잖아요. 왜 저만 못해야 될까요? 그게 나중에 너무 억울할 것 같아요. 나중에…

전: 남들 하는 건 다 해보고 싶다.

희은: 네. 결혼식만은 엄청 큰 거잖아요. 그거는 계속 남을 것 같아 가지고요…

전: 대개 인생에 한 번밖에 없는 사건이니까 거기에 대해서 투자를 하고 싶다 그런 거네. 그래 희은이 결혼하면 가사 일은 어떤 식으로 분담하고 싶어요?

희은: 서로 잘 하는 걸. 서로 할 수 있는 걸 하고 싶어요.

전: 아! 각자가 잘하는 거라…

희은: 제가 청소하는 걸 되게 좋아하거든요. 밥하는 거보다요. 뭔가, 집안일 청소하고 정리하고 이런 건 제가 하구요. 남자가 밥을 차려주면 좋겠어요. 밥하는 건 잘 못 하거든요. 음식을 못하고 하니까. 제가 밥 먹는 걸 되게 좋아하진 않아 가지고요. 차려주지는 못할 것 같아요.

전: 그니까 서로 잘 하는 거를 하자는 거네.

희은: 네. 아마 고향에 있었으면 편안하게 제 마음대로는 못 했을 거예요.

전: 그렇구나. 주변 환경이 어떤지에 따라서도 사람은 다른 선택을 하게 되는 거 같아요.

제4장 강설향 씨가 말하는 북한의 결혼 (2012년, 탈북, 현재 미국유학 중)

2012년 탈북해온 강설향 씨가 증언한 내용이다. 그녀는 북한에서 혼전 임신하여 결혼한 친구를 사례로 들며, 여성에게 한복 저고리가 재력의 상징이라고 설명하였다. 그녀는 북한 상류층의 집안에서 성장하여 한국에서 유학에 필요한 영어공부를 마치고 2024년 현재 미국에서 유학 중이다.

혼전임신, 저고리와 꿩

연: 내가 모를 만한 북한의 결혼문화 있을까… 고향에 있을 때 친구들 결혼식 가본 경험 있어요?

강: 친구가 고등학교 졸업하고 1, 2년 뒤에 홀딱 결혼해 버린 거예요.

연: 10대인가?

강: 아뇨. 22살 그 정도 됐거든요. 너무 갑작스레, 우리는 학교 친구가 갑작스레 처음으로 결혼한 거예요. 아이를 먼저 낳았어요. 임신을 하다 보니까 결혼을 빨리하게 된 거예요.

연: 출산을 하고 간 거예요?

강: 아뇨. 출산하지 않고 배가 불러오니까 결혼식을 했어요. 그러다 보니까 22살에 결혼을 한 거죠. 만나서 축하는 해주긴 했지만 속으로 아이가 아이를 낳네… 이렇게 생각했죠.

연: 사람들이 보수적이니까 되게 안 좋게 보지 않나요?

강: 그죠. 한국 사람들보다 결혼을 빨리하긴 해요. 25, 26살 때가 결혼 전성기
　　거든요. 21살 때 하는 거는 어른들 자체도 욕하시거든요. 북한이 보수적이
　　잖아요. 학교 친구니까 그 당시에 가긴 갔었어요.

연: 친구들끼리 숙덕숙덕했겠는데, 뭐 쟤 임신했데?? 이러고요?

강: 자기만의 삶이 있다 보니까 그렇게까지는 하지 않고요. 자기 할 거 다 하고
　　그러다 보니까… 결혼식이다 하니까 간 거죠. 깊이 수다 떨고 그러진 못했
　　어요.

연: 축의금은 한국처럼 하나요? 축의금은 아니고 선물을 하나요?

강: 축의금은 잘 안 들어오기는 하는데, 그냥 우리는 한국처럼 축의금이라 쓰
　　진 않아도 봉투에 본인 이름을 써요, 가족이면 가족 이름을 쓰고 한국처럼
　　직계가족 뵙고 그래요, 결혼문화는 비슷해요.

연: 선물은 어떤 거 해요?

강: 선물한다면 그릇 세트나 가구나, 세탁기, 필요한 거 있잖아요, 살아가며 필

요한 거요. 티브이 이런 거 하려면 돈이 있잖아요, 우리는 취업도 안 한 친구라 축의금 했어요. 다른 가족들이나 그런 경우에는 큰 선물을 하긴 하죠.

연: 축의금은 보통 얼마 정도 하나요?

강: 축의금은 보통 중국 돈으로 많이 하거든요. 중국 돈이 많이 유행해요. 중국 돈이 50원이면 한국 돈으로 얼마나 되나, 그건 잘 모르겠는데, 많이 하는 편이죠.

연: 집에서 결혼을 많이 하던데…

강: 네, 북한은 웨딩홀이 따로 없어 가지고, 결혼한다고 하면 큰 식당 같은 데 초대를 해서 식당에서 축사나 이런 걸 간단하게 하고, 우리는 웨딩홀에서 딱 지정된 게 많잖아요. 장식도 잘 되어있고, 뭐 데코레이션도 잘 되어있고, 꽃바구니도 넣을 수 있고, 북한에는 그런 게 없거든요. 괜찮은 식당? 북한에도 외국에서 들어온 큰 식당들이 있어요. 그러다 보니까 잘사는 집들은 식당에서 손님을 초대해요, 그런데 사정이 어려운 분들은 집에서 옛날처럼 상을 차려서 우리나라는 결혼식장에 꽃이랑 케이크가 있는데 북한은 결혼

식에 여러 가지 다 놔요. 무슨 문어도 놓고, 예쁘게 장식을 해서 놓고… 참, 꿩 보셨어요?

연: 꿩? 알지.

강: 진짜 꿩은 아니고 박제품 같은 걸 꿩이 천년 약속 같은 걸 의미한대요. 어려움에 잘살고 파뿌리 되도록 살라는 그런 거를 포함해서 꿩을 암컷 수컷 놓거든요. 그다음에 과일이랑 그냥 놓는 게 아니라 과일 같은 걸 다 예쁘게 꾸미고 상을 차리거든요.

연: 사람들을 다 식사 차려주는 거죠?

강: 네, 우리는 (한국) 뷔페식당에서 나오는 그걸 먹잖아요, 북한에서는 요리를 직접 하거든요.

연: 누가 (그 요리를) 다 해요?

강: 직계가족이나, 요리 잘하시는 분 요리사 같은 분을 돈 주고 초대해요, 우리 결혼식에 요리 좀 해달라고 하면 그분들은 얼마를 받고 요리를 해주시죠.

연: 우리 옛날식으로 하는 거네요?

강: 네. 완전 옛날식이죠

연: 식사하고 치우는 것도 일일 텐데… 신랑과 신부는 한복 입나요?

강: 사진 한 장 보내드릴게요. 이건 할아버지 할머니 옛날 사진이구요 이와 비슷하게 싹 꾸미고 그렇거든요.

연: 와, 그렇구나. 여기 웨딩홀에서 하는 거 어떻게 보였어요?

강: 좋아 보이긴 하죠, 우리가 하는 웨딩드레스를 평양에서 어떻게 잘사는 관보 자식들은 외부에서 입지 말라고 해도 입거든요. 왜냐하면, 그만한 권력이 있으니까. 정부에서 뭐라고 해든 내가 이길 수 있는 그런 게 있으니까 근데 북한은 그런 사람 외에는 입고 싶어도 못 입는 거예요.

연: 웨딩 입는 걸 안 좋아하네요.

강: 안 좋아하는 게 아니구요. 정부에서 입지 못하게 하는 거죠.

연: 아, 입지 못하게.

강: 아예 입지 못하게요. 왜냐하면, 웨딩드레스가 옷이 많이 파지기도 하고 등이 보이기도 하니까 웨딩드레스를 못 입게 하는 거예요. 웨딩드레스 빌리면 너무 비싸요. 북한에서 더 특별하게 뭐 있냐면 웨딩드레스를 못 입잖아요. 정부에서 못 입게 하니까 저고리 있잖아요. 한복 저고리. 북한에서는 신부 첫날 한복이라고 하는데. 정말 비싼 걸 해서 입어요.

연: 비단 같은 거요?

강: 비단도 많이들 하고 하지만요. 보통 하는 게 북한은 그 결혼식 날 치마저고리 얼마짜리 입었냐에 따라서… 그 뭐랄까 그 집의 재력을 대체로 이야기하고 그래요. 저고리는 딱 당일 하루밖에 못 입잖아요.

연: 그렇지.

강: 그렇죠. 우리 북한은 그 저고리를 입는 게 엄청 크게 의미가 있어요. 뭐 반지도 물론 비싼 거 하기도 하지만. 음 뭐 금반지나 뭐 그런 비싼 좋은 거 하기도 하지만요. 저고리는 진짜 값진 걸 하려고 하거든요. 정말 좋은 거요!

연: 그런데 왜 하필 저고리야? 치마는 해당이 안 되나요?

강: 저고리하고 아래치마까지 다 된 거죠. 한 벌로요.

연: 아, 저고리라는 게 위아래 다 합친 말이군요.

강: 네. 다 합친 말이죠. 저 여기 와서 "한복"이라고 말했지. 거기서는 그냥 첫날 "신부 저고리" 이렇게 말하거든요.

연: 그러면 남자도 비싼 거 해요? 신랑.

강: 남자들은 대체로 양복을 입죠. 양복을 입는데 좀 더 폼 있게 보이잖아요. 약간 좀 우스운 게 남자들은 이렇게 얼마짜리 입었나 별로 관심 없거든요? 그런데 여자는 얼마짜리 저고리 입었다면, 헉. 알았어 그 집의 재력이 얼만지 느끼는 거예요.

연: 그게 중요하군.

강: 여자가 한복 저고리를 얼마짜리 입은 거랑 반지를 얼마짜리 끼었는가랑 그게 중요한 거죠.

연: 그게, 가족의 어떤 가풍이나 위치를 보여주는 거네요.

강: 네. 이게 여기 한국하고 너무 달라요.

연: 그럼, 식 준비를 많이 하겠어요. 여기도 물론 준비를 많이 하지만요. 거긴 음식도 해야 하니까.

강: 네. 우리 북한에서 결혼식이라면 정말 큰 대사죠. 정말 큰 대사라고 해도 과언이 아닐 정도죠. 참, 북한은 이혼이나 그런 걸 너무 두려워해요.

연: 두려워해?

강: 두려워하기도 하고 잘 안 하기도 해요. 물론 뭐 헤어지고 우리가 살다가 의견이 맞지 않거나 통하는 게 없으면 헤어지거나 그런 건 많긴 하지만… 그래도 우리 한국처럼 이러진 않거든요. 우리 한국은 이혼을 많이 하고 그러잖아요? 그런데 북한은 이혼은 안 해요. 그냥 결혼했으면 서로 의견이 맞지 않아도 다 끝까지 가시는 식이에요. 물론 뭐 헤어지는 가족도 있긴 하죠.

연: 그럼 한쪽이 바람피우거나 그러면요? 때리는 사람도 있잖아.

강: 바람피우거나 때리거나 하는 가정도 있긴 하지만요. 그래도 우리 한국보다는 적어요. 그게. 결혼 일단 했으면 이혼을 하거나 헤어지거나 뭐 그런 게 사실… 우리 북한 사람들 많이 배우지 못하고 보지 못하다 보니까. 여성들을 선택할 그런 게 사실 없어요. 이혼하고 헤어지고 뭐 서로 그런 가정들도 있긴 하죠. 그렇긴 하지만 우리 한국보다는 이혼율이나 헤어지고 자식들한테 상처 주고 그런 게 적어요. 훨씬 적어요.

연: 가급적이면 같이 사는구나.

강: 네. 한국보다 훨씬 적어요. 북한 사람들은.

연: 그러면, 여기 2012년도에 와서 좀 결혼과 이혼과 관련된 개념이 바뀌었어요?

강: 네. 바뀌었죠. 영화 보면, 우리 한국 사람들은 결혼을 늦게 하잖아요. 결혼 전에 여기 사람들은 연애도 많이 하면서 좋은 사람인가 아닌가, 많이 선택을 하고 그러잖아요. 또 이혼할 때는 그들만의 스토리가 있잖아요. 이혼을 사실 뭐 그 사람들이 뭐 하고 싶겠어요? 어쨌든 북한은 이혼이 여기보다 정말 훨씬 적어요. 우리 북한이. 그런 건 있어요. 뭐 교육적으로 여성을 존중하고 그런 건 생전 없긴 하지만. 그래도 이혼은 없어요. 거의 없어요.

연: 거의 끝까지 가는 분위기네. 그럼, 거기 이혼 하는 게 법적으로는 있어? 뭐 이혼할 수 있는 가정법원이라든지요?

강: 그러니까 법원에서 이혼하고 그렇기는 하죠. 이혼하시는 분들도 있긴 하지만은 그 이혼이 사실 북한에서는 좀 까다로워요.

연: 음. 법적으로도 쉽지가 않구나.

강: 조금 더 까다롭고 복잡해요. 원래 북한이 좀 그런 서류나 그런 면에서는 당국에다 다 뇌물을 줘야만 잘 되는 그런 식이거든요. 뇌물을 많이 주면 다 빨리 해결이 돼요. 그런데 뇌물 안주면 그게 1년이 될지 2년이 될지 3년이 될지 모르는 상황이랄까요?

연: 돈으로. 불법적으로 되는 게 많네요.

오락회, 스파이짓, 끼리끼리

연: 참, 여기 결혼식 봤을 때 집이 아닌 웨딩홀에서 하고 많이 하잖아요. 짧은 시간 돈을 많이 투자하고 딱 1시간 하고 끝내는 결혼식. 북한 결혼식과 대비해 보면 좀 어때요? 되게 화려하고 그렇잖아요. 짧은 시간에 좀 형식적이라고 볼 수도 있구요.

강: 선생님도 그렇게 생각하세요? 처음 봤을 때 생각보다 결혼식이 너무 금방 끝나는 거예요, 신부 입장 해 가지고, 신랑 신부 들어와서 목사님 주례하시

고 다음에 뭐가 없는 거예요. 한다는 거는 사진 몇 장 찍는 거뿐이 없는 거 예요. 그걸로 끝났어요. 그저 아는 지인 몇 분과 같이 끼리끼리 밥 먹고 오 는 게 끝이잖아요. 북한은 그날 결혼식이면 한 이틀 동안은 정말 그 경사고 그 집에는 친구나 동네 사람들 다 와요. 제가 아파트에서 살잖아요. 아파트 주민들 다 온다고 보시면 돼요. 거의 다.

연: 와!

강: (북한은) 이웃들이랑 친하게 잘 지내요. 그렇게 사이가 깊거든요. 결혼식 하 면 상을 받거든요. 상을 받으면 뭐 여러 가지 사진도 찍고 그다음에 김일성 동상에 인사드려야 해요. 그러니까 가족들이나 친척들이 다 인사드려요. 우 리는 멋있는 곳 있잖아요. 여기로 말하면 롯데월드나 그런 멋있는 곳 있잖 아요. 그런 멋있는 곳 가서 사진 많이 찍어요. 사진도 찍고 놀이 같은 걸 해 요. 장난 많이 해요. 신랑 신부나 깜짝 놀라는 서프라이즈 이런 거 해요.

연: 친구들끼리?

강: 네네, 친구들이나 사람들 다 같이요. 그런 멋진 데 가서 옷도 많이 갈아입거 든요. 북한은 결혼식 처음에 상을 받을 때 저고리를 입고 꽃다발 들고 김일 성 동상에 가요. 저고리를 입고요. 다른 데 어디 가서 할 땐 다른 걸 입고요. 신랑 신부가 아침에 가서 상 받고 돌아와요. 그때는 사람들이 아침부터 손 님을 치르거든요. 여러 가족들이나 동네 사람들이 와서 음식을 같이 먹으 면서 축하해줘요. 신랑 신부 오면 신랑 신부가 옷을 편한 것으로 갈아입어 요. 여기는 신랑 신부가 밥 먹을 때 와서 인사하고 신혼여행을 휙 떠나잖아 요. 우리는 안 그래요. 자기들만의 시간을 갖구요. 남아 있는 고객들 있잖아 요. 축하해주러 온 사람들 하고 같이 오락회 같은 거 해요. 오락회라고 들어 보셨어요?

연: TV에서 얼핏 봤는데 그게 오락회인지는 정확히 모르겠어. 재밌게 놀더라고.

강: 네. 오락회 같은 걸 해요. 술 먹고 같이 놀고 노래도 같이 부르고, 어떤 분은 악기 하는 사람도 있고 서로 장기자랑 하는 느낌이랄까요? 그날 3시부터 놀면 그날 밤새껏 서로 게임 하는 거예요, 게임 있어요. 장난하는 게임 있어

요. 그날 밤을 다 새요, 뭐 노랫소리, 춤 소리 다 들리고, 맥주나 좋은 음료수를 먹으라고 손님들한테 내놔주고 그래요.

연: 사람들이 시끄럽다고 안 해요? 동네 사람들이 뭐라고 안 해요?

강: 아니요, 우리 북한 사람들은 동네에서 결혼식을 한다고 하면 되게 좋아해요

연: 되게 오랫동안 보내네…

강: 우리 집이 좁아서 사람들이 못 오면 옆집 두 칸 정도를 빌려서 이웃들 하고 사이가 너무 좋아요. 북한 사람들은, 옆집, 그 옆집 음식을 같이 해놓고 손님들 오면 차를 들이고 그래요.

연: 혜산 문화네. 다른 지역도 보편적으로 그래요?

강: 보편적으로 많이 그렇죠.

연: 헛갈리는 게 친하면서도 경계를 서로 한다던데요. 그런 비슷한 얘기를 TV에서 들었거든. 정말 이웃끼리 친한 건가?

강: 북한은 이웃과 사이가 좋지만. 그런 사람들은 소수인 거예요. 스파이라고 말해야 할까요. 겉으로 노는 거랑은 다르죠. 북한 경찰들이 감시를 해도 그렇게 잘 못 하는 거예요. 이웃끼리는 가까우니까 감시를 하는 거예요. 물론 가깝게도 지내지만 그런 깊이까지는 아니에요, 깊이 있는 사람들도 있지만 서로 깊이 지내다가 어떤 사람들은 가장 믿지 못할 게 사람이라고도 해요. 사실은 제일 가까이 있는 사람이 최고의 적이라고 하는 것입니다. 물론 가깝게도 지내지만, 북한 경찰 스파이로 지내는 사람은 그 집의 비밀을 알리거나 경찰에 가서 알리기도 하고 스파이짓을 하는 사람들도 많아요. 웃고 떠들고 했으면서 가서 또 알려주는 그런 사람, 소수가 그렇긴 하죠. 어쨌든 한국은 이웃과 가까이 지내면서 그럴 이유가 없잖아요. 북한은 같이 잘 지내는 가운데 스파이들이 한두 명은 꼭 있는 거예요. 북한 정부에서도 스파이를 무조건 박아놔야 그 사람들의 심정을 알게 되고 자신이 들어가질 못하니까요. 사람들을 통해서 스파이를 만들려고 하죠.

연: 그러니까 그 부분이 매우 조심스러울 것 같아요. 누가 스파인 줄 모르잖아요.

강: 최대한 조심.

연: (북한은) 말조심해야 될 것 같아요.

강: 그래서 끼리끼리 논다고 하거든요. 한국에 가정이 있는 사람들끼리 몰려서 논다던가. 평양이면 같은 권력 있는 사람들이 논다던가, 권력 있는 사람들끼리 놀면 할 말이 없는 거예요. 너도 뇌물 받는 게 있고 나도 있으니까 말 하지 않아요, 저 같은 경우는 한국이나 중국에 친척이 있어요. 그런 사람들끼리 놀아요. 이런 것들을 끼리끼리라고 하죠.

제5장 남사친이면 충분한 강민 씨 (2019년 탈북, 대입 준비 중)

2019년 혜산에서 탈북한 김강민 씨(20대 초반, 여성, 대학생)의 이야기를 들어보자. 그녀는 북한에서 뇌물을 주고 늦잠을 잘 만큼 경제적으로 부유한 환경에서 성장하였다. 그녀의 어머니가 금 장사가 대박을 이룬 탓이었다. 북에서는 현모양처를 꿈꿨지만 지금 한국에서 그녀는 커리어우먼을 그리며 남사친이면 충분하다고 한다.

> 연: 대학교 준비하고 있어요?
>
> 김: 네, 지금 입시 때문에.
>
> 연: 되게 바쁘겠네. 연애에 관심 많을 나이인데… 요즘 애들 썸 탄다고 하던데…
>
> 김: 그냥 북한에도 용어는 쓰지 않지만… 딱히 사귀지는 않는데, 서로 호감이 있는 정도? 사귀어야 될지 말아야 될지 고민하는 단계죠.
>
> 연: 고향이 어디예요?
>
> 김: 혜산이요.
>
> 연: 혜산에서 많이 오는 거 같아. 요즘은 예전보다 강화되어서 많이 못 넘어온다고 하던데 어때요?
>
> 김: 네. 지금은 아예 못 오는 것 같아요.
>
> 연: 북에서는 서로 사귈 때 보통 어떻게 표현했어요?
>
> 김: 그냥 서로 호감이 있다는 건 서로 다 아니까… 제가 초등학교까지만 해도 핸드폰을 손에 쥐고 있는 애들이 별로 없었어요, 그래서 주로 손편지 써서 주고 그랬어요.
>
> 연: 중학생 때?

김: 네. 고등학교 때는 핸드폰 생기니까 문자로 연락하고 그랬어요. 연애라는
게 사람마다 다르잖아요. 가치관도 다르니까 다른 것 같아요. 여기는 데이
트를 한다면 놀러 다닐 데가 굉장히 많잖아요. 근데 북한은 없어요. 여기서
는 남녀가 손잡고 다녀도 뭐라고 할 사람이 없잖아요. 근데 북한은 단속하
거든요. 거기는 불량한 청소년 잡고 하는 단속 청년동맹이라는 게 하나 있
는데 옷차림이 불순하면 단속해요.

연: 단속하는 거야?

김: 네.

연: 청년동맹이라는 조직이네, 거기서 애들 손 잡고 다니거나 스킨십 하면 단
속하고 이런 거 해주는 거네, 그래도 사실 다 만나고 다 하고 다니고.

김: 네, 근데 할 건 다하죠.

연: 주로 연애를 해요?

김: 창고 아니면 되게 다양한데, 백운정이란 것도 있거든요. 여기로 말하면 그
해산에 보면은 뭐랄까 관광할 수 있는 장소가 있는데 거기가 되게 한적하
고 조용한 곳이에요. 관광지에요. 기념탑 옆을 보면 숲이 우거지고 환경이
깨끗하잖아요. 그런 데를 많이 가는 것 같아요.

연: 좀 깨끗하고 한적하고 그런 데를 가네, 또 어디 주로 다녔었어?

김: 그렇게 북한에서 다닐 만한 곳이 없어요.

연: 그치? 장마당 가서 열쇠고리도 사고 그런다데.

김: 라이터

연: 라이터는 의미가 있어?

김: 라이터는 선물 받으면 의미가 있다고 하던데 좋아하는 사람한테 선물하는
게 라이터고, 싫어하는 사람한테 선물하는 게 담배거든요.

연: 아, 진짜? 싫어하는 사람은 왜 담배야?

김: 담배는 타잖아요. 라이터는 나의 마음에 열정을 일으키는 거구요.

연: 그렇구나. 고향에는 주말 개념이 없다고 들었거든요.

김: 네, 맞아요.

연: 그래서 주말에 연애를 한다, 데이트를 한다 이런 개념도 여기보다 적겠네.

김: 네

연: 그럼 언제 연애해?

김: 그냥 학교 끝나구요.

연: 끝나고, 만나서 시간을 보내고? 학교 끝나고 언제 만나서 갈 거 아니야?

김: 사귀어도 그냥 빤하잖아요, 여기서는 쉽게 왔다 갔다 하고 멀고 그래서 그
　　러는데, 우리가 있는 곳은 그냥 어려서부터 같이 자라고 하는 그런 동네, 해
　　산이라고 하면 그렇게 크지 않거든요. 내가 이 사람을 알고 있는데, 내 친구
　　도 이 사람을 알고 있고, 되게 연관된 게 많아 가지고, 빤하잖아요, 학교 몇

시에 끝나면 몇 시쯤에 학교 앞에 와있다든지, 아니면 집 앞에 와 있다든지.

연: 크지도 않고 갈 데도 빤하고, 남자가 집 앞에 기다린다든지.

김: 네

연: 어떻게 보면 심플하고 단순하게 될 수밖에 없네? 환경적으로, 그럼 주로 어떤 거 해? 식당에서 뭐 많이 사 먹고 이런 건 없잖아, 그지? 되게 비싸잖아.

김: 네, 초등학교는 그렇게 못하죠

연: 그럼 돈을 좀 쓰면서 만나는 편이야?

김: 북한은 데이트를 하면 보통 남자가 돈을 써요. 여자는 잘 안 사요. 여자는 별로

연: 그런 거 같더라고, 여자가 밥을 산다 이런 거 잘 없는 거 같더라구.

김: 네, 얘가 생일 때는 선물 같은 건 여자가 해주고 대부분 연애를 하면 여자가 돈을 많이 못 써요.

연: 그러면 스페셜한 생일 선물 빼고는 여자는 주로 받는 입장이고 남자가 뭐 데이트를 주도하거나 돈을 쓰거나 그런 게 많나 보네.

김: 네.

연: 그런 부분에 대해 어떻게 생각해? 불평등한 거 같아, 당연한 거 같아, 어때?

김: 저는 부담스러웠던 것 같아요.

연: 한쪽이 돈을 많이 쓰니까?

김: 네, 그런데 제가 살던 쪽이 그랬어서 대부분 그렇게 했죠.

연: 부담스러우면 네가 돈을 내 볼 생각은 안 해봤어?

김: 그럴 경우도 있었죠.

연: 그랬구나.

김: 사람마다 다른 것 같아요. 근데 요즘 어떤 커플은 여자가 더 많이 사는 경우도 있더라구요.

연: 어디 고향에서?

김: 네, 제가 오기 전에는 진짜 많이 변했던 것 같아요. 저는 제가 그런 성격이라 좋아하는 사람이 있으면 절대 말을 못 하거든요. 근데 지금 애들은 여자애들은 전혀 안 그런 것 같아요.

연: 지금도 말 못 해?

김: 지금도 말 못 해요.

연: 그건 왜 그런 것 같아?

김: 모르겠어요. 성격상인 건지.

연: 보통 프러포즈는 남자가 많이 하지, 여자도 표현을 한다지만 아직은. 북한에 고향에 있을 때 '사랑'은 뭐라고 생각했었어?

김: 그런 게 별로 없었던 것 같아요. 그냥 괜찮다 하고 만났지, 사랑한다 하고 만나지는 않았던 것 같아요.

연: 괜찮은 정도.

김: 네, 그냥 봤는데 키도 괜찮고, 그만하면 인물도 괜찮고 그러면 그냥 사귀어도 될 것 같다 이런 생각하죠.

연: '동일' 이런 생각은 안 하고?

김: 네, 그런 적은 없었어요.

연: 거기는 표현이 적은 것 같더라, '사랑해' 이런 말.

김: 그런 표현을 안 해요.

연: 그럼 사랑을 어떻게 표현해?

김: 좋아한다? 이런 것도 되게 쑥스럽게 생각하는 편이죠.

연: 좋아한다는 말도?

김: 네

연: 그럼 좋아해, 사랑해, 이런 말 들으면 어때?

김: 네, 저는 그런 소리 들으면...뭐랄까...

연: 오글거려?

김: 하하

연: 남한도 그렇게 감정을 표현하는 나라는 아니라고 생각하거든. 개인적으로.

김: 아닌 것 같아요. 표현을 적극적으로 하는 것 같아요.

연: 아, 그래?

김: 네

연: 고향보다 표현이 많아?

김: 네

연: 그렇구나. 그럼 그런 게 부담스러워? 아님, 나도 표현해봐야지 그런 생각이 들어?

김: 아니요, 그런 생각은 없어요.

연: 아 진짜, 나의 스타일을 고수할 생각이야?

김: 네

연: 만약 남성이 대시해 오면 내가 생각해 볼 수 있는 거지 네가 막 적극적으로 말하거나 그럴 생각은 별로 없는 거네.

김: 네

연: 불편하구나, 그럼 남녀 간에 사귈 때 뭐가 제일 중요할까? 어떤 사람은 돈, 어떤 사람은 사회적으로 잘나가는 사람을 만나면 내가 좀 올라가는 것 같 다고도 하던데. 또 의지하는 게 가장 중요하다고 말하는 사람도 있고, 사람 마다 다르잖아, 네가 생각했을 때 이성 교제할 때 뭐가 가장 중요할까?

김: 일단은 저는 외모를 가장 많이 봤어요.

연: 외모? 장동건? 강동원? 연예인으로 치면 누구?

김: 아니요, 그렇게까지는 아니었고, 제가 일단 키가 크니까 일단 키가 큰 사람.

연: 나보다 커야 돼?

김: 네. 같이 다닐 때 창피하지 않은 정도요.

연: 내가 데리고 다녔을 때 되게 좀 자랑까지는 아니어도 비쥬얼상 잘 어울려 보이고, 그런 게 중요하구나. 그리고 또 뭐가 중요해?

김: 그리고 저는 착한 사람.

연: 착한 건 뭐야?

김: 남자들이 허세가 많잖아요. 젤 싫어요.

연: 북한에 허세가 많아?

김: 남자들 대부분 그래요.

연: 어떻게 허세를 피워?

김: 막 걸을 때 이상하게 걷고, 막 싸움질하고 이런 사람들.

연: 내가 막 남자야 이런 거 보여주려는 남자들, 그런 거 비호감?

김: 네, 완전 비호감이에요.

연: 그런 거 말고 착한 사람? 그런 허세 없고?

김: 네

연: 허세 없고 또?

김: 옷을 잘 입는, 경제적인?

연: 아 경제적인 거, 돈이 있으면 옷을 사니까 자기 스타일에 신경 쓰고 옷도 잘 입고, 경제적으로 기본으로 여유가 있는 사람. 또 있어?

김: 그리고 진지하게 생각해보지 않아서 잘 없는 것 같아요.

연: 연애, 지금 고3이니까 바쁘니까 진지하게 생각은 아직 못 해봤겠다.

김: 네. 연애 잘 모르겠어요. 연애… 모르겠어요.

연: 지금은 고3이라 바쁘긴 하잖아. 그래도 외모도 좀 되고, 허세도 없고 옷도 잘 입고 어느 정도 경제적인 것도 되면 좋겠다 그 정도네.

김: 네

연: 지금 생각할 때 남한에서 2년 채 못살았잖아. 지금 현재 시점에서 사랑이 뭔 것 같아?

김: 사랑이요? 그냥 내 감정… 모르겠어요.

연: 어려운 질문… 감정과 연관된 것 같은데, 한 문장으로 표현하기 어렵지. 쉽진 않네.

김: 네.

연: 사랑의 삼각형을 그린다고 했을 때, 꼭 세 가지는 있었으면 좋겠다고 생각한 거 있어?

김: 첫 번째는 나를 좋아해 주고, 나를 많이 아껴주는 사람

연: 나를 아껴주는 사람을 좋아하네, 내가 아껴주는 것이 아니라?

김: 네, 내가 더 받는 느낌.

연: 아 그런 거 좋아하는구나.

김: 아니요.

연: 사랑받는 느낌일까? 또 있어?

김: 그러고 딱히 생각해본 거 없어요.

연: 그게 중요하네, 내가 사랑받는 느낌.

김: 네

연: 맞아, 그게 중요한 거 같아. 북한에서 연애했을 때, 데이트 신청은 얼마나

많이 받았어?

김: 데이트 신청이라기보다 큰 애들은 자기가 마음에 들면 고백 같은 거 먼저 해요. 자기가 사귈 건지 안 사귈 건지 결정하는 거죠.

연: 어떻게?

김: 남자가 만나자고 연락 오잖아요, 근데 걔가 할 줄이면 상대방도 눈치채고 쟤가 나를 좋아하는구나 언젠가 고백하겠다고 느끼고 있어요. 진짜 내가 싫어하는 사람일 수도 있지만 괜찮으면 '생각해볼게'라고 하고, 아니면 아니라고 얘기하고, 사귄다 하면 친구들이랑 같이 놀기도 해요.

연: 여기처럼 지금부터 사귀어 100일 200일이다 이런 거 많이 없는 것 같아.

김; 네, 그런 거 없어요.

연: 그래, 괜찮아, 나도 좋아, 사귀자 이러면, '사귀자'라는 표현은 해?

김: 네, 나는 네가 괜찮은데, 너는 어때 생각해? 이렇게요.

연: 괜찮은데 넌 어때 하면 나도 괜찮아 하면 그때부터 사귀는 건가?

김: 네.

연: 연인끼리 '친한 사람'이라고 한다던데 맞아?

김: 네, 친한 사람이라고 많이 해요.

연: 그렇군.

김: 친하는 사람 있어? 이렇게 말해요.

연: 친하는 사람? '친한 사람'이 아니고?

김: 네.

연: 그건 이성 친구를 말하는 건가?

김: 네, 남자친구

연: 호칭은 뭐라고 해? 자기야 뭐 이런 호칭 쓰나?

김: 그런 거 절대 안 하죠, 이름 부르죠, 아니면 동창이면 '야' 이렇게 말하구요.

연: 동창이면 '야'고, 오빠면 '오빠'라고, 동갑이면 이름 부르고?

김: 네, 그런 것 같아요.

연: 보통 연상을 사귄다던데. 북한에서는. 맞을까?

김: 네, 맞아요, 저는 개인적으로 연상을 좋아해요. 근데 친구들 보면 연하랑 많이 사귀더라구요. 재밌대요.

연: 지금은 많이 바뀌었나 보다. 그래도 대세는 연상이네, 남자가 나이가 많은 거군.

김: 왜냐면 남자가 연상이면 사람마다 다르겠지만 많이 이해해주는 것 같아요. 아닌 사람도 있겠지만.

연: 네가 거기서 만났을 때, 내가 사랑받는 느낌이 들었다고 할까, 예시 같은 거 있어?

김: 글쎄요, 어디를 간다. 밤에 심부름 갈 때 무섭잖아요. 밤에 같이 가줄까 이때.

연: 밤에 어디 갈 때?

김: 엄마가 어디 좀 갔다 와, 그러잖아요.

연: 아 심부름 갈 때

김: 밤에 위험하니까 와서 같이 갔다가 기다렸다가 집까지 데려다주는 오고 가고 그런 게 있죠.

연: 그렇구나. 그러면 혼자 가기 싫다고 문자로 하는 거야?

김: 근데 남자친구가 연락 와요, 저녁에 뭐 하면서 잘 건데 이런 거, 그럼 심부름 간다고 말하는 거죠.

연: 문자로 많이 해? 거기도?

김: 네, 핸드폰 생기고부터는요

연: 핸드폰 생기기 전에는 어떻게 했어?

김: 그때는 너무 어렸어서, 손편지 받으면 되게 어색하고 그랬어요.

연: 손편지 기억나는 거 있어?

김: 한 애가 쓴 게 기억이 나는데, 암호 형식으로 썼어요.

연: 어떻게?

김: 숫자로 썼길래 물어보니까 암호 형식이더라고요, 뭐 더하면 무슨 글자가 되고 그런 거에요.

연: 이해는 했어?

김: 네, 이해는 했죠. 연애편지니까

연: 내용이 뭐였어? 핵심적인 내용이?

김: 그때부터 애들이 드라마를 많이 봤는지, 언제 어디서 봤었는데 그때부터 좋아했었다. 이런 내용이에요.

연: 북한에서 온 애들이 〈천국의 계단〉 이런 거 다 보더라.

김: 네.

연: 여기서 내려와서 연애해봤어?

김: 음, 해본 것 같아요.

연: 사귄 거? 썸탄 거?

김: 사귄 건 맞는데 다 바쁘고 하다 보니 시간이 안 되어서...

연: 잘 안됐어?

김: 네

연: 고향 사람이야? 여기 사람이야?

김: 고향 사람이요.

연: 여기 보면 더치페이 같은 거 많이 하잖아, 그 부분은 어땠어?

김: 걔가 밥 사면 저는 카페 가서 사고 이런 식으로 했어요. 근데 여기서 더치페이, 밥 먹으러 가서 각자 돈 내고 그런 거 사귀는 사이에서 그런 것은 못할 것 같아요.

연: 왜? 별로야? 만약 3만 원 나왔어, 그럼 우리 만오천 원씩 내자, 이러면 합리적이잖아.

김: 네, 그렇긴 한데 너무 그런 것 같아요. 밥은 내가 사고, 다음번엔 네가 사고 이런 방식이 저는 좀 더 편한 것 같아요.

연: 왜, 계산적인 거 같아? 사랑은 계산적이면 안 되나?

김: 글쎄요, 그래도 되긴 되는데, 그게 확실히 깔끔하긴 한데, 그래도 사귀는 사이인데...

연: 사귀는 사이에서 너무 냉정한가?

김: 네, 맞아요.

연: 내가 한번 사면 네가 커피 사는 게 낫지, 계산하는 거는 별로라고 생각하는 거네.

김: 네.

연: 맞아, 우리나라 정서에 좀 안 맞는 거 같아, 여기서 내가 모를 만한 북한의 연애는 이래요, 이런 게 있을까? 어떤 면에서는 살아가는 것도 비슷하고 또 어떤 면에서는 남북이라기보다는 개인마다 다르지만, (북한의)문화적인 면에서 이런 게 있다. 예를 들어 북한 문화에는 '움'이라는 게 있더라. 식생활 연구할 때 들었지. 여기는 그런 건 없잖아. 그런 뭐 환경이나 이런 부분에서 내가 모를 만한 게 있을까?

김: 연애. 그냥 여기는 되게 개방적인데, 거기는 개방적이지 않아요. 아무리 연애를 한다고 해도요.

연: 최근에도?

김: 최근에는 안 그런 것 같아요. 넥타이 맨 애들이 막 연애하고 그러더라구요.

연: 넥타이 맨 애들?

김: 네, 넥타이는 사학교거든요.

연: 넥타이가 어떤 의미야?

김: 저희가 단계가 있거든요, 초등학교까지는 빨간 넥타이를 메야 되거든요.

연: 아, 교복입을 때?

김: 네, 교복입을 때 넥타이는 어린애들 하는 건데, 그런 애들도 연애하더라고요, 창고장 이런 데서, 제가 나이 먹었나봐요.

연: 확실히 (연애 시작하는) 연령이 낮아진 건 맞아?

김: 네.

연: 그러면 여기 애들 같은 경우는 좀 혼전 성관계, 스킨십 이런 게 확실히 빨라졌거든. 거긴 어때? 뭐 부모세대랑 비교했을 때?

김: 엄마 때들보다는 많이 낮아진 것 같아요. 그래도 북한은 아직 그런 게 있어요. 아무리 사귄다고 해도 여기는 사귀는 중에 잠자리 가져도 된다고 하지만 북한은 그런 게 없어요.

연: 결혼 후에 남녀관계를 맺는 걸 바람직하다고 생각하는 거네?

김: 네.

연: 성관계에 국한된 내용이야? 아님, 손잡고, 뽀뽀하고 이런 스킨십을 포함하는 거야?

김: 그런 거는 가능하죠.

연: 아, 그런 스킨십은 다 가능하지만, 성관계에 대해서는 결혼 후에 해야 한다는 프레임이 있는 거구나.

김: 네.

연: 거기에 동의해? 아니면 너무 좀 21세기에 안 맞는 얘기라고 생각해?

김: 저는 지켜주는 게 좋다고 생각해요.

연: 그렇구나.

김: 사귀는데 그런 게 중요한 게 아니잖아요.

연: 그럼 뭐가 중요해? 인간은 성적인 존재라면서...

김: 마음이 중요하지, 육체적인 게 중요한가요?

연: 마음이 중요해? 육체적인 것보다? 나는 마음이 중요하다고 생각하는데 남자친구가 육체적인 걸 요구한다면?

김: 그러면 내가 기다려달라고 하죠. 그게 아니면 몸을 보고 사귄다고 느껴질 것 같아요.

연: 그런 건 별로야? 마음이 더 중요하다고 보는 입장이네.

김: 네.

연: 북한에 있을 때 멋있다고 생각했던 사람 있었어? 이런 사람 있었어?

김: 저는 드라마 많이 봐서 그런지 〈시티 헌터〉에 나오는 이민호 있잖아요. 이민호 나오잖아요, 이민호 나오는 거 다 봤거든요.

연: 이민호 좋아하네.

김: 저랑 사귀던 애한테 이민호 너무 멋있지 않냐고 하니까 배 타고 내려가서 보고와 이랬던 기억이 납니다.

연: 진짜? 하하. 이상형은 어떤 사람이었어?

김: 잘생긴 사람?

연: 잘생긴 사람, 한국 배우로 치면 누가 있어?

김: 저는 이민호 좋아요.

연: 잘생기고 그런 스타일?

김: 지금은 많이 늙어서 별로지만

연: 거기서 저 사람 진짜 남자다워, 이렇게 생각한 사람 있었어?

김: 약간 성격이 텁텁한 사람

연: 텁텁한 사람?

김: 남자들끼리 대가리 오른팔, 왼팔 이런 거 정했거든요

연: 대가리가 뭐야? 우두머리?

김: 학교마다 패가 있는데, 그중에 제일 대가리 그런 게 있어요.

연: 싸움 잘하는 일진 그런 애들 말하는 건가?

김: 초등학교 올라갈 때 고등학교 올라갈 때 그런 게 멋있어 보이잖아요.

연: 지적으로 막 똑똑하고 이런 사람이 아니라 싸움 잘하는 이런 사람이 인기가 많은가봐?

김: 네. 북한은 공부 잘하는 거 그닥...

연: 여기서는 전교 1등하고 잘생기고 이런 애들이 인기 많거든, 거기는 안 그러
네, 나 어렸을 때는 싸움 잘하는 이런 애들 좀 무식해 보이고 그랬거든, 공
부에 대한 개념도 좀 다르다 그지?

김: 아, 그래요?

연: 여기는 능력 있어야 본인이 살아남으니까 그런건가 모르겠네. 자본주의 체
제니까. 대가리는 구체적으로 뭐야?

김: 대가리로 한다면 어느 정도 경제권이 있고 애들을 다스릴 수 있는 권한이
있다고 할까요?

연: 아 싸움만이 아니라 경제적 능력도 있고 애들도 끌고 다닐 수 있는 능력을
말하는 거네.

김: 네. 성격도 쾌활해야 되구요.

연: 아 여러 가지가 있군.

김: 네

연: 여자애들이 그 대가리에 속한 애들 사귀려고 하겠네.

김: 그렇죠.

연: 북한에서 여성스러워, 쟤 되게 여자다워 하는 애들은 어떤 스타일이야?

김: 어딜 가도 말을 안 하고 가만히 조용히 앉아있는 사람.

연: 넌 어때? '여성스럽다'라는 말을 많이 들어봤어?

김: 네, 약간 그런 소리 많이 들었는데, 그렇게 내성적이지는 않고, 그렇게 여자
는 아니에요. 일단 사귀고 편해지면 뭐랄까?

연: 활발한가?

김: 제가 오빠가 있어서 성격이 괄괄해요.

연: 오빠랑 둘이구나. 막내네.

김: 네.

연: 오빠가 잘 챙겨주겠네?

김: 아니요. 하하.

연: 여기 와서 보니까 남자답다, 여자답다, 이런 성역할과 관련된 신념이 생각이 변했어?

김: 네, 많이 변했어요.

연: 어떤 게 변했어?

김: 여기 와서 굳이 결혼을 해야 되나 이런 생각이 많이 들었던 것 같아요.

연: 진짜?

김: 거기서는 현모양처가 하고 싶다, 이런 생각 많이 했었거든요.

연: 여기서는 좀 바뀐 거야?

김: 네

연: 여기서는 어떤 여성의 모습으로 살아가고 싶어?

김: 그냥 제 할 일 하고 그냥 연애나 좀 하면서 살고 싶어요.

연: 결혼은 안 하고?

김: 네.

연: 현모양처 이미지에서 많이 바뀌었네요.

김: 네.

연: 연애나 좀 하고 혼자 사는 일상도 괜찮겠다. 그런 생각을 왜 하게 된 것 같아?

김: 글쎄요, 왜 하게 됐죠, 약간 내가 바라던 가족, 가정에서 행복한 부분들을 못 봤던 것 같아요. 북한에서 많이 싸움이 일어나고 그런 게 많았어요. 남자

에 대한 이미지가 좋지 않아요.

연: 환경이 나한테 영향을 미친 것도 있네, 가끔 연애하고 내 일 하면서 사는 것도 괜찮겠다. 이런 걸 염두에 두고 있는 거네, 내가 생각했던 남한사회랑 직접 와서 본 남한사회가 비슷한가 다른가 어때?

김: 너무 많이 다른 것 같아요.

연: 어떻게?

김: 약간 그런 생각 했었거든요. 제가 생각했던 건 드라마틱하다고 생각했는데 와서 본 건 너무 뭐라고 하지?

연: 드라마틱할 거란 이미지가 있었구나.

김: 약간

연: 근데 현실은 냉혹해?

김: 네, 그런 거 같아요.

연: 뭔가 학교도 다녀야 되고, 직업도 찾아야 되고, 뭔가 살길도 찾아야 되는 것도 있을 거고

김: 네. 그렇죠.

연: 인간관계는 어때? 탈북 친구들 만나면 (남한 출신 사람들은) 계산적이라고 많이들 말하던데... 뭐 그런 걸 느낀다고 하더라고

김: 전 아직 그런 걸 못 느꼈어요.

연: 그렇게 많은 사람을 사귀지 않은 건가?

김: 네, 전 아직 많은 사람을 사귀지 않았어요.

연: 학교-집 이렇게 다니겠네, 학생이니까
잘 모를 수도 있고, 그럼 다음 질문으로 넘거가 볼게. 사람들은 연애를 왜 할까? 연애의 목적이라는 영화 제목도 있는데, 왜 연애를 하는 걸까?

김: 그니까 내가 힘들고 이럴 때 같이 옆에 있어 줄 사람이 필요한 게 아닐까

요? 뭔가 의논할 대상이랄까.

연: 근데, 그런 대상이라면 꼭 남친 아니어도 선생님도 있고, 가족도 있고, 남사친도 있긴 하잖아.

김: 저는 남사친이 편해요.

연: 남자친구, 애인은 다른 부분이 있어?

김: 그나마 가족하고도 말 안 하고 그런데 남자친구랑은 또 다를 수 있잖아요.

연: 그렇구나. 또 뭐가 다를까?

김: 그러게요, 저는 남자친구 사귀어도 그렇게 구체적으로 말하는 편은 아니에요.

연: 원래 말수가 없는 편인가?

김: 원래 많았는데, 없어진 것 같아요.

연: 여기 와서?

김: 네, 여기 와서 많이 바뀌는 것 같아요.

연: 아, 그렇구나.

김: 지금도 바뀌는 중이겠죠.

연: 거기서는 말이 많았어?

김: 네, 저는 집순이여서, 하루 종일 거의 집에 있다시피 했어요.

연: 아 고향에서?

김: 네. 집이 아니면 북한에서 막 돌아다니고 그럴 데가 없었어요.

연: 막 돌아다니고 그런 스타일은 또 아니었네.

김: 네.

연: 근데 여기 와서 더 말수가 줄어들었어? 왜?

김: 환경적으로 많이 충격을 받았다고 해야 할까요?

연: 어떤 부분에서 적응하는 데 힘든 게 있었어?

김: 처음에 와서 모든 게 낯설었어요.

연: 어떤 게? 하나원에서 대충 알려주긴 하잖아.

김: 근데 하나원에서 배운 거랑 다르죠. 현실이랑 다르죠.

연: 좀 문화 충격이 많이 있어?

김: 처음에 지하철 타는 거 너무 힘들다보니 밖에 나가기 싫더라구요. 처음에는 말도 잘 못 붙였죠. 사람들한테.

연: 그치 지하철 이용하는 거, 마트 가는 거 낯서니까

김: 그러고 막 앞으로 뭘 해야 될지 이런 고민들 때문에, 뭘 해야 될지 고민이 많았죠.

연: 그랬구나. 남한은 네가 자청해서 왔어, 가족 따라 왔어?

김: 어려서부터 어차피 와야 된다고 생각했어요, 엄마 친구들과 오신 분들이 있어서요.

연: 먼저 내려오신 분들이 정보를 알려줬나보다, 그거 들으시니까 이 사회보다는 남한 가서 살아야겠다고 생각을 한 건가?

김: 네

연: 지금은 그래도 좀 편안해졌어?

김: 지금은 괜찮아요.

연: 거긴 경제적으로 여유 있으면 편하잖아. 어때?

김: 아니요, 다시 살라고 하면 못 살 것 같아요.

연: 여기가 어색하고 그래도 1년 살다 보니까 편해졌네, 사람은 어쩌면 적응하는 동물 같기도 하고, 못 살 것 같은데 또 살고 그지, 여기에서 살다가 또 북한에서 잘 살 수 있을까?

김: 잘 살 수 있을까요?

연: 그치 물도 길어야 되고, 나무 때야 되고, 정말 상상이 안 된다.

진로는 어떤 분야로 갈 생각이야?

김: 일단 중국어 쪽으로 나가 볼까 해요.

연: 중국에서 살았었어?

김: 어렸을 때 1년 반 정도 살았어요.

전 : 그랬구나. 시간이 벌써 다 되었네. 오늘 이야기 나눠줘서 고마워요.

‖ 참고문헌

김경숙. (2018). 탈북여성의 가정폭력 경험과 트라우마에 관한 연구. 한국기독교상담학회지, 29(3), 53-94.

남보영. 2012. 탈북 남성과 남한 남성의 가정폭력 비교연구: 남한사회 적응과 PTSD를 중심으로. 석사학위 논문. 연세대학교.

민지원. 2003. 국제협약상 난민 자격 정정기준으로서 '젠더' 박해와 그 근거에 관한 연구: 북한 여성의 난민 자격에 대한 성 인지적 해석을 중심으로. 석사학위 논문. 이화여자대학교.

이윤진 · 최은경. 2021. 탈북 여성의 일 · 가정 양립 현황과 지원방안. 육아정책연구소.

정추영. 2002. 탈북여성의 군사적 경험을 통해 본 북한의 군사화와 성별 위계에 관한 연구. 석사학위 논문. 이화여자대학교.

안인해. 2001. 김정일 체제의 경제와 여성. 한국정치학회보. 35(2): 225-240.

안지영. 2011. 북한 가정생활에서의 여성상 연구: 2000년대 북한영화 분석을 중심으로. 통일인문학. 5: 233-261.

통일부(2024). https://unikorea.go.kr.

○ 저자소개

전주람(Jun Joo ram) ramidream01@uos.ac.kr

1979년 서울에서 태어났으며, 성균관대학교 가족학(가족관계 및 교육, 가족문화)
으로 박사학위를 최종 취득하였다. 서울시립대학교 교육대학원 교수학습 · 상담심
리 연구교수로 2017년 7월부터 2019년 6월까지 재직했으며, 현재는 서울시립대
학교 교직부 소속으로 〈심리검사를 활용한 심리치료〉, 〈심리학의 이해〉를 가르치
고 있다. 아울러 서울가정법원 상담위원으로 2014년부터 최근까지 활동 중이며,
2022년부터는 통일부 통일교육위원으로 활동하고 있다. 지속적인 연구 관심사로
는 가족관계, 부부회복, 문화갈등, 남북사회문화 등이 있다. 주요 논문으로는 「50
대 부부갈등을 겪는 중년 부부의 변화유발요인과 호르몬 변화에 관한 가족치료 사
례연구」(단독), 「20대 이혼을 결심한 신혼기 부부에 관한 가족치료 사례연구」(단
독), 「북한이주민과 근무하는 남한 사람들의 직장생활 경험에 관한 혼합연구」(공
저) 등이 있으며, 저서로는 『절박한 삶』(공저, 2021년 서울대학교 다양성위원회
선정도서), 『21세기 부모교육』(공저, 2023년 세종도서 학술부문 선정도서), 『북
한이주민과 정체성 내러티브』(공저, 2024), 『북쪽 언니들의 강점 내러티브』(공저,
2024) 등이 있다. 2016년 KBS 〈생로병사의 비밀 : 뇌의 기적〉 600회 특집에 부부
상담사로, 2021년 KBS 통일열차 일요초대석에 출연하였다.

손지혜(Son Ji Hye) mmsbacar@naver.com

서울에서 태어났으며, 2024년 고려대학교 사회학과에서 국제 이주 및 다문화로
박사학위를 받았다. 연세대학교 외국어학당에서 스페인어를 가르치고 있으며, 고
려대학교 아세아문제연구원 아시아이주센터 연구위원으로 위촉되었다. 박사학위
논문은 '재외한인 차세대의 거주국 사회통합 비교연구: 브라질과 아르헨티나를 중
심으로'이며, 주 관심사는 재외동포, 이민자 사회통합, TCK, 북한이탈주민 여성,
종족 비즈니스, 여성 이민자이다. 주요 논문으로는 「이민 1.5세 여성의 재이주를
통한 자아실현과 '나'로서의 인생 살아가기」, 「완경기 탈북 여성의 건강관리 실태

에 관한 탐색적 연구」(공저), 「귀환 재외동포와 동포 지원정책에 대한 국민 인식」(공저), 「베네수엘라 난민 사태 이후 브라질 난민 정책의 변화」(공저) 등이 있다. 라틴아메리카의 여러 국가에 거주하면서 여성, 이민자, 불평등, 송금에 대해 관심을 갖게 되어 사회학을 통해 궁금증을 해결하는 중이다.

배고은(Bae Go Eun) yscarpediem@korea.ac.kr

간호학을 전공한 후 11년간 임상간호사로 일하며, 과로 죽음과 관련된 노동자의 업무환경과 건강과의 연관성을 파헤치고자 사회학을 공부하게 되었다. 2024년 고려대학교 사회학과에서 의료사회학으로 박사학위를 받았다. 박사학위 논문은 「강제된 감정노동과 감정 부조화: 대형병원 간호사에 대한 질적 연구」로 강제된 감정노동과 감정 부조화가 발생하는 상황이 어떻게 조성되었는지 사회적·조직적·제도적 맥락에서 탐색하고, 과도한 감정노동을 야기하는 요인에 집중하여 살펴보았다. 결과적으로 간호사의 감정노동을 위계적 분위기, 상호작용, 심리적 특성, 업무 강도에 따라 4가지 차원으로 개념화하여 이해하고자 하였다. 현재 국방정신전력원의 전문연구원으로 군 장병들의 전장 심리 및 전투 스트레스 관리와 정신건강 증진을 위한 연구를 담당하고 있다. 주요 관심 분야는 북한이탈여성, 정신건강, 감정노동, 노동환경, 노동자 건강, 사회적 취약계층 건강이다. 주요 논문으로는 「코로나19의 장기화가 노인의 일상생활에 미치는 영향에 대한 탐색적 연구: 노인복지관 이용자를 중심으로」(단독) 「완경기 탈북 여성의 건강관리 실태에 관한 탐색적 연구」(공저)가 있으며, 저서로는 『그리고 우리가 남았다』(공저, 2021년 세종도서 교양부문 선정)가 있다.

그림 배진영(Bae Jin Young) totn0@naver.com

1982년생으로 전에는 간호사로 생활했으나 현재는 유치원생 딸을 돌보고 있는 엄마로 살아가는 중이다.

북한이주민과
가족문화

초판인쇄 2024년 04월 30일
초판발행 2024년 04월 30일

지은이 전주람 · 손지혜 · 배고은
그 림 배진영
펴낸이 채종준
펴낸곳 한국학술정보(주)
주 소 경기도 파주시 회동길 230(문발동)
전 화 031-908-3181(대표)
팩 스 031-908-3189
홈페이지 http://ebook.kstudy.com
E-mail 출판사업부 publish@kstudy.com
등 록 제일산-115호(2000. 6. 19)

ISBN 979-11-7217-288-6 94330